# 日本×フィリピンで実現する
# 究極のデュアルライフ

*Breakthrough in Dual Life in Japan and the Philippines.*

坂元康宏 ｜ 坂野広通

幻冬舎 MC

# 日本×フィリピンで
# 実現する
# 究極のデュアルライフ

# はじめに

2017年12月8日、私はフィリピン特別永住権「APRV」(The APECO Permanent Resident VISA)を取得しました。

その前の数年間、海外の永住権を取得したいと思い、数々の国の永住権や投資ビザを調査し、実際に申請してきましたが、やっと念願がかなったのです。

私が海外の永住権を取得した理由は、「日本と海外を行ったり来たりするデュアルライフを安定的に行うための権利を獲得したい」と強く思った

2017年12月8日、APRVを取得した著者、坂元

からです。

私はAPRV取得時45歳で、今も資産運用のコンサルタントをしています。投資顧問会社に勤めた後、独立して個人のお客様数百人を対象に資産運用のアドバイスを行っています。そのため、世界中の投資情報を入手する必要があり、1年のうちの3分の1近くを海外で過ごすようになりました。そしていつの間にか、海外で暮らすことも視野に入れるようになったのです。

私は日本人であることに誇りを持っています。世界中の国を見渡しても、これほど住みやすい国は見当たりません。イギリスの『エコノミスト』誌が「世界で最も住みやすい都市ランキング10」を毎年発表しています。政治的安定性、社会的安定性、治安、教育水準、医療制度などの項目を考慮し、総合的に評価しランク付けされるものですが、最新のランキングでは大阪が第3位、東京が第7位と日本の都市がベスト10に2つも入っています。米国やイギリス、中国の都市は1つも入っていません。

私はできることならば残りの人生の大半を日本で暮らしたいと考えています。しかし、昨今日本を取り巻く環境が大きく変化しようとしています。台風や地震などの自然災害の多発、中国や北朝鮮と隣接していることによる地政学的リスク、超高齢化と人口減による国力低下の懸念、優秀な人材の流出、そして財源確保のための増税の可能性など、数多くの問題が山積しています。

仕事柄、特に気になるのが、国が国民の資産を管理、把握しようとする意図が顕著になってきていることです。

例えば、日本国内で新たに銀行口座を開設するにはマイナンバーが必要になりました。海外との送金や受け取りの際もマイナンバーの提出が必要です。また、今後全世界で実施される銀行口座の自動情報交換（Automatic Exchange Of Information＝AEOI）においても、マイナンバーの提出が求められます。これにより、国民の資産と所得を国内外を問わず完全に把握して、申告漏れを防止しようと必死になっています。

また、日本は相続税の最高税率が55％と世界的に見ても負担の高い国です。アメリカ、イギリス、ドイツ、フランスを見ても最高税率は30～40％となっています。その一方、カナダ、オーストラリア、ニュージーランド、シンガポール、マレーシアはそもそも相続税がない、もしくは相続税が廃止されています。

所得税や法人税を納税し、残った財産に課税されるのが相続税です。相続税率の高さは「取れるところから取る」という国や税務当局の姿勢が表れているように思えます。さらなる増税リスクに鑑みて、日本を捨てて、海外に移住する人が増えたとしてもおかしくありません。

これまで日本は素晴らしい国でしたが、10年後、いや20年後は安心して住める国かどうかは誰にも保証できません。

冒頭にお話ししたデュアルライフの実現の夢には、このようなリスクを回避することも要因にありました。

私がフィリピンの永住権をどのように取得するに至ったかについては、次章以降で説明していきます。

また永住権の歴史や、国内で話題になる主な国の永住権の紹介もさせていただきます。

結論から申しますと、永住権を取得する必要性が年々高まっていますが、逆にどの国もどんどん取得が難しくなっているのが現状です。

その状況の中で、取得のコスト、利便性などから考えて、私がお勧めするのはフィリピンの永住権、とりわけ私が手に入れたAPRVです。

第4章以降で詳しく紹介させていただきますが、何よりまずフィリピンが日本に近く行き来しやすいことがお勧めの理由です。複数の拠点で仕事をする場合など、デュアルライフの第一条件です。

そして物価が安く、英語が堪能でなくても十分暮らせることも挙げられます。さらにフィリピンの各種永住権の中でも、APRVは最も短期に割安に取得できます。このようにコストパフォーマンス抜群の永住権を手に入れられるのは、ラストチャンスだと思っています。

ところで読者の皆さんに一つお伺いしたいことがあります。

皆さんの多くは生命保険に入っていると思いますが、なぜ生命保険に入るのでしょうか。経営者の方の中には節税のために多額の生命保険に入っている方もいらっしゃいますが、一般的には「万が一のときの備えとして加入する」というのがその理由だと思います。

永住権の取得もこれとまったく同じことです。日本に住み続けられればそれに越したことはありませんが、万が一日本が住みづらくなったときのための保険の役割が海外の永住権だと私は考えています。

昔から「備えあれば憂いなし」と言います。いざという時の保険として、フィリピンの特別永住権を取得されることを検討されてはいかがでしょうか。

注1：本文内に出てくるAPRVはThe APECO Permanent Resident Visa＝オーロラ特別経済区永住権の略です。

注2：本書では為替レートを以下のように計算しました。
1米ドル＝110円／1豪ドル＝80円／1NZドル＝75円／1ポンド＝140円
1フォリント＝0.4円／1ユーロ＝130円／1SGドル＝80円／1フィリピンペソ＝2.1円

# 目次
*Contents*

## 第5章　永住権取得現地ルポ　取得ツアーに参加して

# 第1章

# フィリピンの特別永住権を取得するに至るまでの軌跡

## 小さいころからの海外生活への憧れ

「世界中を飛び回る、英語がペラペラ話せる国際ビジネスマンになる」

これは、私が中学校の卒業文集で書いた言葉です。

ニュージーランド、韓国、香港、シンガポール、バングラデシュ、マレーシア、スイス、台湾、中国、アメリカ、パラオ、フィリピン、モンゴル、ミャンマー、合計14カ所。これらは私がこれまでに渡航した国や地域です。

英語は残念ながらあまり上達していませんが、現在年間の3分の1近くを海外で過ごしている現状を考えると、私のもくろみは「当たらずといえども遠からず」といった感じです。順風満帆とはいかないものの、おかげさまで自分が思い描いた通りの人生に近づいているとは感じています。

どういうわけか、物心ついた時から海外に対する憧れがありました。私の思春期だった1980年代、1990年代前半は海外と言えば「アメリカ」でした。マドンナ、マイケル・ジャクソン、トム・クルーズ、…など。アメリカのスーパースター達がメディアを賑わせていた時代です。

特にトム・クルーズにはハマりました。『トップガン』に始まり、『デイズ・オブ・サンダー』、『ハスラー2』、『カクテル』、『ザ・ファーム　法律事務所』、『ミッション・インポッシブル』と主要な映画作品はほぼ観ていました。

アメリカ文化にどっぷりと漬かる一方で、なぜかフランスにも憧れていました。『勝手にしやがれ』、『軽蔑』、『気狂いピエロ』、『恋人のいる時間』、『カルメンという名の女』など数々の名作を世に輩出し、ヌーベルバーグの旗手と言われたジャン・リュック・ゴダール監督の作品や、『ボーイ・ミーツ・ガール』、『汚れた血』、『ポンヌフの恋人』の三部作が代表作品で、ジャン・リュック・ゴダールの再来と言われたレオス・カラックス監督の作品は高校生、大学生の時にほぼ全部見たと思います。

特に強く印象に残っているのはジャン・リュック・ゴダール監督の『気狂いピエロ』です。映画のラストシーンで主人公は自分の顔をペンキで青く塗って誤って爆死するのですが、「人間ってこんなに簡単に死んでしまうんだ、生きるとか死ぬってどういうことなんだろう」といろいろと考えさせられました。自分がかっこいいと思う生き方や自分なりの美学は、フランス映画にかなり影響されているところが大きいと感じています。

「アメリカやフランスに実際に行きたい」。海外の映画や音楽、書籍に触れるにつれ、そんな思いが募るばかりでしたが、私の父親はサラリーマンで、経済的な余裕もないことを感じていましたので、海外に行きたいと言い出すことはできませんでした。

大学2年生になる時だったと思います。フランス留学の話をいただきました。確か国費留学だったので、実現すればコストもかかりません。母親に相談したところ、「何でフランスなんかに留学するの。日本にいてもフランス語は勉強できるでしょう」と猛烈に反対され、結局諦めてしまいました。今思えば、母親の意に背いてフランスに留学していれば、違った人生を歩めたかもしれないという思いはありますが、最終的には自分が決めたことですので仕方がありません。

大学を卒業して、内装施工の会社で働き始めました。会社と家とパチンコ店の往復の日々でした。家に帰る途中にパチンコ店があり、ほぼ毎日のように閉店まで打っていました。そして、いつしか「海外で活躍する」という夢を忘れかけていました。

そんな中、私のルーティンな生活を打開するきっかけが訪れます。私は内装施工の会社の本社の経理に配属されたため、会社の財務が分かるポジションにいました。入社して少し経った頃、なんとなく違和感を覚えました。

採用担当者の説明では会社の業績は絶好調で、前年はボーナスを全社員に10カ月分支給したと聞いていました。しかし、給料やボーナスの支給前には経理部長が銀行の担当者となんだか暗い顔でシリアスな話をしているのです。

この違和感が「確信」に変わる事態がやがて訪れます。入社当時400人近くいた社員をリストラし、250人にするという計画が発表されたのです。幸か不幸か、私はリストラの対象になりませんでしたが、会社の将来性に不安を感じて転職を決意しました。

新たな転職先は「第二海援隊」という一風変わった名前の会社で浅井隆さんという経済ジャーナリストが代表を務めるベンチャー企業です。当時、『ビーイング』という転職雑誌があり、「出でよ、21世紀の坂本龍馬、21世紀の総合情報商社」というようなキャッチフレーズの求人広告があり、強烈なインパクトがあったのを今でも覚えています。

大学を出て間もない私でも「これは怪しい会社だな。名前がやばい。親に絶対に反対される」と思い、『ビーイング』を2週間くらい放置しておきました。しかし、どうしても頭から離れず、ある日恐る恐る電話してみたのです。

私は経理しか経験がなく、しかも年齢も24歳だったので、先方が求める採用条件を満たしていませんでした。電話口には当時の総務部長が出て、とりあえず、面接を受けることになりました。

「何で今の仕事を辞めたいの？」とまず聞かれました。私は「仕事が面白くないのです。それに会社の将来性がないのが分かったので、なるべく早く次に行きたいのです」と言いました。すると、総務部長は「石の上にも3年って言うでしょう。君みたいな人はどうせこの会社に入っても嫌になったらすぐに辞めてしまうのではないですか」と言われました。

私は「なんでこんな嫌味を言われなければならないんだろう」と思いながら、「いいえ、そんなことはありません。今の会社であと何年か我慢して働いたとしても状況が良くなることは考えられません。社員の4割をリストラするような会社に未来はないと思います。私は自分が納得できる会社、仕事に巡り合えたらできる限り長く続けたいと考えています。とにかく、私は本気なのでチャンスを下さい」とまくし立てました。

総務部長は「分かった。そこまで言うなら、浅井社長と会ってみるか」と言われたのです。

数日後の二次面接には浅井社長と出版部長が出席し、対応してくれました。いろいろなことを聞かれましたが、今でも印象に残っているのは、「あなたは社会人になってまだ2年も経ってないですよね。いったい何ができるのですか」と言われました。「社会人になってから経理しか経験がないので、今は経理しかできません。でも、言われたことは何でもやります。やる前からできませんというのが私は一番嫌いなんです」と思い切り虚勢を張ってしまいました。

結果的に採用が決まり、20年もお世話になりました。

思い返すと、当時の総務部長は私の採用をバックアップしてくれたと思います。というのは社長面接の前に、「浅井社長はジャーナリストであり、出版社の社長です。

自ら本を書いている人です。君は次回の面接までに浅井社長が書いた本を必ず何冊か読んで来なさい。そうすれば浅井社長がどんなことを考えているか、どんな人かが分かるはずだから」と大きなヒントをくれたのです。

これはとても大切なことです。私は今でも人に会うときは必ずその人の情報を事前に調べてから臨むようにしています。本を出している方であれば、必ず事前に購入し、一通り読んでからお会いするように心がけています。「まずは相手を知る」ということが礼儀だと思っています。

## 人生初の海外、ニュージーランド

入社して半年近く経ったころ、社長が「仕事頑張っているね。ご褒美に海外に連れて行ってあげるからそのつもりで」と言ってくれました。「海外？　そういえば、自分はずっと海外に行きたいと思っていたな。やっとチャンスが来たか」と気分が高揚しました。

もちろん、ご褒美といっても遊びで海外に行くわけではありません。当時、第二海援隊ではスイス、香港、ベトナムなどお客様を海外にお連れするツアーを年に数回実施していました。ニュージーランドのツアーを新たに行う計画をしており、担当スタッフとして私に白羽の矢が立ったというわけです。こうして私の初めての海外渡航先はニュージーランドになりました。

成田から直行便で11時間、クライストチャーチ国際空港に着陸します。「えっ、これが、国際空港？　めちゃめちゃ田舎じゃないか。なんで、空港に羊がいるんだろう？」空港の敷地内に羊の群れがいるのを想像してみてください。とんでもない所に来てしまった。カルチャーショックでした。

しかし、このニュージーランドとの関わりが私のその後の人生を大きく変えることになります。私はニュージーランドへの渡航をきっかけに、それまで自分の中に秘めていた海外志向が爆発していくのです。

ニュージーランドでの銀行口座開設や現地の不動産などの案内、ニュージーランドにロングステイあるいは移住を希望するお客様のサポート、子供の留学や現地で会社の設立についての相談など、ニュージーランドに関するありとあらゆる業務を担当させていただきました。本当に頭を抱えることばかりでつらいこともありましたが、お客様と親しく接する機会をたくさん頂きました。ニュージーランドツアーを担当しなければ、独立はおろか、海外に行くこともなかったかもしれません。

最初は異国の地であったニュージーランドも数十回と行くうちに、愛着が湧いてくるものです。ツアーのおかげでニュージーランドに知り合いもでき、いずれはニュージーランドに住むのも良いかも知れないという気持ちになりました。

しかし現実的に、ニュージーランドへの移住を考えた場合、かなりハードルが高いと言わざるを得ません。多くの人が「一般技能カテゴリー」（General Skills Category）で永住権を申請しますが、この部門では「ＩＥＬＴＳ」という英語試験でのスコアで6・5以上というハイレベルの語学力が必要条件とされます。さらに資産や学歴、ニュージーランド国内での雇用状況などがポイント計算され、一定以上の数値が求められるなど、非常に取得の難易度が高いものになっています。またもし取得できたとしても、2年間はそれぞれ1年の半分以上の日数をニュージーランドで過ごさなければならないという条件もあります。

他にも「投資家カテゴリー」(Investor Category)というものがあります。しかし、まず一般的な投資永住権を見ても、最低300万NZドル(2億2500万円)の投資を4年間続けたことや、一定の英語力と4年間のうち438日間のニュージーランド国内での居住という実績が必要です。さらに「上級投資家ビザ」というものがあります。年齢制限はなく、英語力も問わないというものですが、1000万NZドル(7億5000万円)以上の投資を3年間行うことなどが条件となっており、現実的にはかなりの資産家でなければ投資家カテゴリーでの永住権取得は不可能です。こうした取得難易度の高さから、ニュージーランドの永住権取得は断念しました。

ニュージーランドの事業に携わっていて、とても勉強になったことがあります。東日本大震災以降、放射能汚染などのリスクを回避するために、ニュージーランドに家族で移住する方が増えました。私は実際にニュージーランドへ移住した方を何人か知っています。しかし、永住権が取得できなかったため、結局日本に戻ってくるということになってしまう方が結構いるのです。これらの実例を見て、移住をするに当たって永住権がないということは非常に不安定であるということを学びました。

## 韓流ブーム沸騰寸前、すっかりハマった韓国

このように仕事ではニュージーランドをメインにアメリカやシンガポールに行かせてもらいましたが、プライベートで初めて行った国は韓国で、最初に行ったのは2003年8月でした。

当時、小泉首相が総理大臣に就任してから度々靖国神社に参拝して、韓国や中国から猛烈に抗議されていました。そのため、知り合いからは「韓国に行くんだって？治安は大丈夫なの？　デモに巻き込まれないように気を付けてね」と心配されたものです。余談になりますが、友人の心配は取り越し苦労で、8月15日に行われていたデモで最大規模のものは日本に対するデモではなく、アメリカに対するデモでした。韓国ではソウルの中心に米軍基地があり、一般の市民は反米感情が意外と強いのです。

日本でも、『冬のソナタ』をきっかけに韓流ブームが巻き起こり、『天国の階段』、『美しき日々』、『宮廷女官チャングムの誓い』など、日本列島を熱狂の渦に巻き込んでいくわけですが、当時はまだ韓流ブームが始まる前でした。

面白かったのが、食堂での店員さんの態度です。ホテルなどのレストランはたいてい英語が通じるのですが、地元の人が行く食堂では英語が通じないため、韓国語でコミュニケーションをとるしかありません。ある食堂に行った時に下手な韓国語で一生懸命注文しようとしたのですが、何度呼びかけてもなかなかオーダーを取りに来ないのです。「そうか、私の韓国語があまりに下手なので通じないんだな」と思いましたが、今考えてみるとどうもそうではなかったようです。当時、韓国国内で韓流ドラマが全盛期でその店員さんはドラマに夢中で私の注文が耳に入らなかったのだと思います。

なぜだか分かりませんが、私は一度訪れただけですっかり韓国にハマってしまいました。韓国の風土、食べ物、文化、特に食べ物が好きです。また、韓国人はとてもウェットな人付き合いをします。日本人からするとうっとうしく、おせっかいだと思う反面、一度きちんと人間関係ができると長い付き合いができる人たちが多いです。

韓国と日本はこれまでの歴史的な経緯からさまざまな問題があり、単純でない部分も存在します。しかしながら、私にとってはとても肌に合う国であり、行く度にモチベーションを得られる国なのです。今後も韓国との関わり合いがなくなることはないと考えています。

２０１４年4月、私は長年勤めた第二海援隊を退社して、「ｍｙコンサルティング」という会社の代表を務めることになりました。ｍｙコンサルティングは２０１１年に私の家内が設立した会社ですが、私が独立したのをきっかけに、自分のやりたいことをこの会社で思う存分やってみようと思い、家内に相談して代表の座を私に譲ってもらいました。

それとともに、独立に当たって長年の夢であった海外移住の候補地をどこにするかを家内と真剣に考え始めました。

まず考えたのは、「日本から比較的近いこと（5時間以内）」、「できれば時差がないこと、あるとしても2時間以内であること」、「英語圏であること」、「年間通して温暖であること」という条件を兼ね備えている場所でした。

最初に頭に浮かんだのは韓国です。食の魅力に加え、韓国にビジネスパートナーと一緒に会社を所有していることもあり、永住権を取得しようと模索した時期があります。

しかし、先ほどの移住先の条件を考慮すると、韓国は冬の寒さがかなり厳しいのと、英語があまり通じないため、現地の知人のサポートなしに長期間滞在するのが困難です。

さらに、2017年に特に問題となった北朝鮮の核問題などを受けて、カントリーリスクが高いということで候補から外しました。日々の食事も大切ですが、やはりその前に暮らし、生命の安全、安心が先行するからです。

## パラオでの投資家ビザ取得と挫折

そこでいろいろな国を探していたところ、パラオという国を見つけ、「投資家ビザ」

というものが取れるということなのでそのビザを取得することにしました。

パラオは世界遺産に登録されており、観光地としても素晴らしい場所です。世界的にも有名なダイビングスポットがあり、「ダイバーの聖地」と呼ばれています。残念ながら私は泳げないのでマリンスポーツはできませんが、そんな私でもいるだけで心からくつろげる特別な場所がパラオなのです。

実は、私は4年ほど前からパラオに7回ほど渡航し、永住権を取ることができないかトライしていました。その結果分かったのは、パラオでは永住権は取得できないということでした。普通、現地の方と結婚すると配偶者ビザ（＝永住権）がもらえるのですが、それすらも与えていません。パラオでは外国人に対して原則永住権を与えていないのです。

私はどうしても諦めきれず、ビザだけでも取得したいと考え、現地の人脈を通じて、何とか投資家ビザを取得しました。渡航費や滞在費はある程度抑えられるとしても、ビザを維持するのに年間200万円近くかかります。パラオでビジネスをしてパラオ人を雇う見返りとして投資家ビザを与えるというスキームなので、現地の人を雇用すると1年間最低1万ドル（110万円）はかかります。それにレンタルオフィス代が数万円。併せて月々10～15万円ほどになっていました。将来的に投資家ビザを維持し続けるためには、かなり高額な費用を覚悟しなければなりません。

結局、2017年にビザを泣く泣く放棄しました。その大きな理由としては、ビザを取得する費用は40～50万円とそれほど高くなかったのですが、ランニングコストの負担が大きいからです。

ランニングコストの問題の他にも、パラオは人口2万人ほどの小さな島国ですので、もしそこでビジネスをしたとしてもマーケットが小さく、経営を維持発展させるのは極めて難しいという問題もありました。

私はこの経験を通じて、入手できる関係資料を基に自分が移住する場合の費用を具体的に計算し、ビザを維持するコストがどのくらいかかるか、そして将来性はあるのか、ということを十分に調べる必要があることを体感したのです。

## フィリピンでついに永住権取得!

パラオに見切りをつけ、私は再び移住先を探し始めました。

そんな矢先、ある知人からフィリピンの永住権取得のサポート事業を一緒にやらないかと声を掛けられました。正直なところ、あまり乗り気ではありませんでした。フィリピンには一度行ったことがありましたが、遊びに行くなら良いですが、実際に住むのはどうなのかとなかなか踏み切れないでいました。

そんな時、「坂元さんがフィリピンの永住権をまず取得してくださいよ。そうでないと、説得力がないから」と知人から強く推されました。「人に押し付けないで、自分で取ればいいじゃないか」と内心思いましたが、彼はすでに別の国の永住権を持っているので、フィリピンの永住権を取るメリットがないのです。

そこで私は覚悟を決め、知人とフィリピンの永住権ビジネスを始めること、それに当たって自分自身がフィリピンの永住権を取得する必要があることを妻に相談しました。

妻から返ってきたのは「分かった。フィリピンに行って永住権取ってみようよ」という意外な返事でした。

「フィリピン」と聞くと皆さんはどういうイメージを持っていますか。フィリピンは銃国家で、私の記憶では、１９８６年に三井物産のマニラ支店長の若王子さんが誘拐されたという事件や、イスラム過激派系組織の活動が一部の地域で活発化するなど「治安が悪い国」というイメージがありました。

そんなイメージを持っていた中、２０１４年にフィリピンのセブ島とマニラに行く機会がありました。私がイメージしていたフィリピンとはまったく違った印象を受け、大変驚きました。

フィリピンは東南アジアの中で日本と一番近い国です。マニラまでの飛行時間は4時間半ほどです。気候は一年中温暖で、キリスト教の教えで困っている人を助けるといった精神が根付いているためか、人柄もとても良いと感じました。また、物価が日本の数分の1ととても安いのです。

特筆すべきは、ほとんどのフィリピン人は流ちょうな英語が話せるということです。しかもフィリピン人の話す英語は、アジアの国の中でも発音が非常に奇麗で、欧米人が聴いてもほとんど問題ないレベルであると言われています。

フィリピンの人口は約1億1000万人なのですが、人口の約10%が出稼ぎで海外に行ってメイドや船乗り、家政婦などをして仕送りをしながら生活しています。最近は英語力を生かして銀行やクレジットカードのコールセンターなどが置かれたりするなど、フィリピン国内でも産業が成長してきています。

中でも都心部はかなり発展していて、マニラ首都圏中心部のマカティは高層ビルが立ち並んでいて、日本で言うと新宿とあまり変わりません。

「百聞は一見に如かず」と言いますが、実際に現地に行ってみると大きく印象が変わると思います。それでもなお、治安が気になるという方もいらっしゃると思いますが、治安が悪い地域は限られており、そこに立ち入らなければ問題はありません。ビジネスや語学留学などで滞在する日本人も増えています。

こうして、私はフィリピンの永住権を取得することになったわけですが、その時の様子は第5章で詳しく紹介しています。

# 第2章

# 海外永住権の必要性

私のフィリピン永住権取得までの軌跡を紹介してきましたが、この機会になぜ最近になって永住権獲得を目指す人が増えているのか、そして永住権とはそもそも何なのかなど、背景と基礎を第2章以降で学んでいきたいと思います。

適切な調査結果はないのですが、昨今私と同じように若いころから海外での生活、あるいは仕事の基盤を海外で持ちたいと思う人々が着実に増えている、と感じています。

その要因は、大きく2つあると思います。まずはより生産的かつ快適な仕事と生活環境を求めて、2つ目は災害リスクからの避難ではないでしょうか。

その要因を少し具体的に見てみます。

## 1．21世紀型の新しく豊かなデュアルライフを求めて

永住権の獲得は、これまで海外での就労者や留学生、あるいはリタイア後の暮らしを目指す人々の目標でした。いずれにしろ限られた海外移住希望者が望む対象でした。

しかし最近では、新しい市場を求め、ビジネス展開の拠点確保といった目的も生ま

れています。また多様な文化、風土での自由な暮らし、ノマドライフへの志向も目立ち始めています。

このような積極的な海外永住権の活用には、仕事の上でのメリット、暮らしの快適さ、健康増進の効果などが大切なポイントとなります。

## 複数の国で仕事をするために

日本の人口は2008年の1億2808万人（総務省統計局調べ）以降ピークアウトしています。この人口減に伴い、今後はほとんどの産業分野において市場の縮小は避けられません。そのために、将来の人口増、市場拡大が望めるアジアを主体とした発展途上国が、新たなビジネス市場として注目されています。

これらの国において就労ビザで働く人も増えていますが、勤務先との契約が切れれば居住が不可能、いわゆる「不法滞在」の状態になります。自由に仕事を選び起業するには、公的権利以外はその国の人々と同じようにビジネス展開が可能になる永住権の獲得が目標になります。

また日本とアジアなどの各国と結んでビジネス展開をするためには、居住地として交通の便が良いことも必要条件です。出入国が容易で利便性の高いハブ空港を持つ国が、永住権獲得の対象として適した国となります。

## 魅力は有利な税制

将来の仕事や暮らしの設計を考えるとき、永住権の大きなメリット、目標は、日本の重い税金からの解放です。

日本の所得税は最高税率45％で、住民税も加えると55％になります。先進国では高いランクとは言えませんが、国民所得に対する租税負担と社会保障負担の合計比率、いわゆる国民負担率は42・5％（平成30年度）です。今後の人口減少の中での高齢者増加を考えると、この負担率は大きく増加していくはずです。

所得税の最高税率だけを比較しても、タイが37％、フィリピン32％、インドネシア30％。マレーシア24％、シンガポールは20％、香港17％です。これらの国々は譲渡税も非課税、あるいは日本に比べて低率です。株など投資事業には恵まれた環境です。

そして一番大きな差が出るのが相続税です。

日本は最高税率が55％と世界的に見ても相続税が高い国です。アメリカ、イギリス、ドイツ、フランスを見ても最高税率は30～40％です。さらにカナダ、オーストラリア、ニュージーランド、シンガポール、マレーシア、その他のアジア各国ではそもそも相続税がない、もしくは相続税が廃止されています。

これらの税金の少なさは、これからの生活設計に大きな違い、メリットをもたらします。

所得税や法人税を納税し、残った財産に課税されるのが相続税です。相続税率の高さは「取れるところから取る」という政府、税務当局の姿勢が表れているように思えます。

また、国内では「高所得の会社員増税」という新税制が２０２０年1月から適用されることになりました。

私も数年前までサラリーマンをしていて、それなりの給与を得てはいましたが、税金が非常に高いと感じていました。記事などを見てみると、一定以上の収入がある者に対しては控除額がありますが、その控除額を低減するという改正です。年収が1000万円の人を例に挙げると、年に10万円程度負担が増えます。

私のように自営業や会社経営者などの場合であれば、節税対策を講じる手だてがありますが、一般的なサラリーマンの場合そうしたことができず、基本的には支給された給料からいや応なしに税金が差し引かれるというシステムになっています。

国からしてみればサラリーマンからは税金を徴収しやすいので、この税金を上げていこうということです。安倍政権は「働き方の多様化に対する柔軟な対応だ」という言い方をしていますが、私はこれを詭弁だと思っています。要するに徴収できるところから取るということで、サラリーマンたちの労働意欲が低下してしまうのではないかと危惧しています。

他にも税に関する問題として、海外に資産を持っている方に対する徴税の強化があります。具体的に言いますと、2015年に始まった「国外財産調書」です。

一人当たり5000万円以上の資産を海外に持っている人は、国外財産調書を提出することが義務付けられました。しかし、実際には提出する人が非常に少ない状態のため、金融庁や国税局が取り締まりの強化に着手し、対象となると考えられる人に対しては税務署から「お尋ね」という書類が送られるようになりました。

それに関連して、「海外口座の多国間情報交換制度」というものが日本では2018年9月から開始されました。簡単に言うと、非居住者、例えば日本に住んでいる人がニュージーランドで口座を作ったという場合、日本に住んでいるのでニュージーランドから見ると非居住者ということになりますが、その人たちの情報（口座情報、名前、住所、マイナンバー、口座残高、入出金、ニュージーランドにお金を預けているなら利息でいくら稼いでいるのか）を国が自動的に入手できるという制度です。この制度により、今までは支払い義務を知らなかった、あるいは納税していなかった人は税務署から書類や連絡が来て納税をすることになります。

こういった高い税率や、厳しい所得捕捉、さらなる増税リスクに鑑みるに、日本を脱出して、海外に移住するという選択肢も考えられます。

## リーズナブルで豊かな暮らし

租税負担の軽減について、多くを語ってきましたが、海外移住、そこからの永住権獲得で狙う大きな目標のもう一つは、やはり生活費の安さと気候の良さです。

本書が主要ターゲットとする東南アジア各国の利点は、まずその物価の低さにあります。

シンガポールだけは日本より物価が高く、フィリピン、マレーシア、タイなど東南アジア諸国はおおむね日本よりかなり低価格で食料、生活用品が手に入ります。住宅費なども加えた生活費は日本の半分以下といわれています。

無論、各国の給与、報酬レベルもそれに対応して少額ですが、それゆえに日本から移住すればヘルパーやお手伝いを雇用することも可能になります。

「一年中夏のような気候」というのが東南アジアのイメージです。熱帯雨林、熱帯モンスーン地域で、年間平均気温は内陸部を除き摂氏25度以上です。昼間はきつい日差しが照り付けます。しかし夜になれば日本の熱帯夜のように湿度が高くて寝苦しいということはなく、比較的涼しくてエアコンも不要なところが大半です。

また雨季と乾季があり、雨季には特有の雷雨、スコールに見舞われます。ただし長時間続くことはなく、大方は雨宿りして雨が上がるのを待ちます。

気温の変化が少ないので、衣服も、夏物と冬物の用意が必要な日本とは異なり、仕事とプライベートの区別を考える程度で、これも気楽です。

そして気温変化の少なさは、体調管理をしやすくします。呼吸器疾患、関節の痛みなどを抱える人々が東南アジアでの居住を希望するケースも多く見られます。

また花粉症は、そもそも東南アジアではスギやヒノキが育たないために症状が出ません。その他の要因による花粉症もありますが、現地に行くと症状が治まるという日本人が大半です。

## 2.将来のリスクからの避難

### 日本の将来への不安、その3大リスク

生活の基盤を海外に移したい。そのもう一つの背景には、日本の将来への不安があ

るはずです。不安要素は皆さん一人ひとり違いがあるとは思いますが、次の3つの要因が共通しているのではないでしょうか。

## ①日本列島——地理・地形による自然災害のリスク

これは日本の地理、地形上の宿命です。

皆さんの記憶に新しい自然災害ですと、1995年1月17日に発生し6000人以上の犠牲者を出した阪神淡路大震災（マグニチュード＝M7.3）、2011年3月11日に発生し1万8000人以上の死者・行方不明者を出した東日本大震災（M9.0）といった大地震がありました。特に東日本大震災においては、東北地方の三陸海岸が「リアス式海岸」という入り組んだ湾の形が災いし、津波が増大し甚大な被害をもたらしました。また、福島の原子力発電所もメルトダウンを起こし、周辺住民が避難を余儀なくされました。

日本列島は世界有数の地震地帯にあります。ユーラシア、北米の大陸プレート、太平洋、フィリピン海の海洋プレートの4つのプレートがぶつかり合う地域にあり、それゆえ周期的な大地震は避けられません。

内閣府の予想でも東海地震は「いつ発生してもおかしくない」状況であり、その他、東南海・南海地震も、今世紀前半に発生する確率が高いと見られています。

内閣府はさらに世界のマグニチュード6以上の地震発生の2割が、日本周辺で起きていると報告しています。

地震と同時に火山も大きな危険性を抱えています。

桜島や雲仙普賢岳、浅間山や阿蘇山といったような活火山の数が約100と多く分布しており、世界の活火山の7%を占めるという有数の火山国でもあります。もちろん、火山によって温泉が湧き出たり、火山の熱を使った地熱発電など恩恵もありますが、やはり噴火のリスクは大きな不安要素です。

2016年の熊本地震から、阿蘇山の噴火の可能性が論議され始めました。阿蘇山で予測されるカルデラ噴火はそれこそ列島崩壊に近いダメージが予想されますが、もう一方で現実味を帯びているのが富士山の噴火です。

富士山は活火山で江戸時代宝永年間の噴火から300年の沈黙が続いており、これもまたいつ噴火してもおかしくない状況と見られています。

富士山が本格的に噴火すれば、首都圏へも大量の火山灰が降り注ぎ、人的被害の他に日本に長期的かつ深刻な経済停滞を招くことが必至です。

海外から見れば、とてつもないリスクの上に日本人は暮らしている、というイメージで、昨今の日本旅行ブームにも冷や水を浴びせかねません。「自然災害から見て世界で一番危険な都市は東京・横浜、5位タイは大阪・神戸、6位に名古屋」という結果を示したのはスイスの再保険会社スイス・リーが2013年にまとめた「自然災害リスクの高い都市ランキング」でした。この一覧には世界2位にフィリピンの首都マニラなどもありますが、人口の密集度、ビル群と交通網の錯綜している状況から、犠牲者数は日本が圧倒的に多くなるはずです。

他にも日本には台風が多数襲来し、それに伴う洪水や土砂災害も頻発します。またここ数年顕著になった異常気象は、これまでにない豪雨や豪雪を記録し、大きな被害を招いています。

意外かもしれませんが温暖化が進む一方、地球規模で寒冷現象も発生しています。ロシアのオイミャコン村では2018年1月19日の日中、なんと氷点下61度を記録したと日本経済新聞が伝えています。近年は氷点下50度程度で収まっていた中での変化で、薄着をしていた2人が凍死をするなど温暖化とは全く逆のような事態も起きています。

また、2018年3月2日の同新聞によると、南米のペルー沖、赤道付近の太平洋東部で海面水温が平年より低くなるラニーニャ現象により、偏西風が蛇行し寒気が日本にも押し寄せ、都内でも積雪が起こるなど厳しい寒さに見舞われました。

激しい気候変動は地球規模で起きていますが、その中でも暮らしやすい気候風土と、新たな生活基盤、国を探す動向は、国内外を問わずこれからも増えていくと思われます。

**②経済破綻と高率税制**

次のリスクは経済・金融破綻です。

第二次安倍政権は、経済政策アベノミクスを展開し、2012年12月の発足から5年余りで株価は2倍以上になりました。国内では久しぶりの長期政権で、その政権安定が経済成長に貢献した面も確かにあります。

しかし、今その基盤が揺らぎ始めています。

報道でも度々取り上げられている「森友学園」や「加計学園」などの問題により、盤石だと思われていた政権基盤が揺らぎつつあります。2018年3月には財務省の公文書改竄問題を巡り、佐川宣寿前国税庁長官の証人喚問が行われるなど、政権を支える官僚側にも揺らぎが見えています。

また懸念されているのがアベノミクスの破綻です。

物価2%上昇の目標を掲げて始まった日銀の黒田総裁の金融緩和政策は、着手から5年経っても実現の見通しが立ちません。

中央銀行の采配による金融緩和は、リーマンショック以来世界の大勢でしたが、米国、そして欧州はその終結、出口戦略に着手しました。その中で日本だけが、緩和策を継続しています。

この金融政策は、日銀が国債を主導的に買い取ることで成立しています。しかしそれも現在の超低金利状況ゆえの存続で、もし国債金利が上昇すれば、1000兆円あまりの負債を抱えるこの国は、国家財政破綻に追い込まれる可能性が極めて高くなります。

そして企業にも個人にも将来リスクを抱かせているのが、国際的に見ても高い税率です。

日本の借金の残高が2017年3月末時点で1071兆5594億円だったと発表されました。毎年何十兆円というペースで雪だるま式に増えている状態です。

日本の財政は破綻しないという見方もありますが、このまま税収が増えなければ医療費補助や年金給付などの支出を抑えるしかなくなります。国民全体の実質所得が減り、デフレが進行していきます。

それに加え、少子高齢化が進み2048年には日本の総人口は1億人を割って9913万人となる予想が出ています。

これにより、ますます年金の減額、消費税の増税などに踏み切らざるを得ないという状況になってきています。

もちろん、日本という国は他の国と比べてとてもインフラが整備されていて、住みやすく安全です。日本独自の文化なども素晴らしいものがたくさん残っており、とてもいい国として誇れますが、一方で前述のようなリスクを抱えた国ということも考えなければなりません。

### ③地政学的リスク

3つ目の懸念材料として、地政学的リスクやカントリーリスクがあります。
最近特に注視されているのが北朝鮮の核の存在です。北朝鮮はここ数年ミサイル実験を繰り返し、すでに日本国内を射程に入れた核ミサイルを保有できる体制を築きつつあります。

2017年8月末に北朝鮮が発射したミサイルが日本の上空を通過し、襟裳岬の東の太平洋上に落下しました。国内では全国瞬時警報システム（Jアラート）が発令されるなど軍事的緊張が高まりました。

北朝鮮の狙いは米国です。トランプ大統領は北朝鮮に対して、「全ての選択肢がテーブルの上にある」と軍事行動も示唆しました。北朝鮮の金正恩朝鮮労働党委員長は強硬姿勢を示しました。

一時は軍事的対立もあり得る緊張状態が続きましたが、２０１８年6月のトランプ大統領と金党委員長の史上初のトップ会談で、交渉の糸口が開かれました。

しかし米国が求める北朝鮮の非核化の足取りは重く、まだ危機が払拭されたという状況には至っていません。

今後交渉が破綻した場合に、アメリカによる何らかの北朝鮮への軍事行動とそれに対する北朝鮮の反撃があれば、その反撃の対象に日本が含まれることも想像できます。日本に核ミサイルが飛んできて、放射能で汚染され、住めない地域が出てくるかも知れません。

また日本国内には北朝鮮のスパイ、工作員が多く潜入しており、有事の際にはテロや核施設への攻撃などが十分考えられる、という専門家もいます。

国内には稼働中から廃炉決定済みのものまで含め、60カ所もの原発があります。そのほとんどが、攻撃に対し無防備に近く、核攻撃をはるかに超える人的被害を招くリスクがすでに存在しているといえます。

COLUMN 1

## 核シェルターの売り上げが急増

２０１８年1月22日の日本経済新聞に、北朝鮮でミサイルや核実験が相次いでいることを受け、万が一の事態に備える動きが活発になってきていると取り上げられていました。

価格が数千万円するという核シェルターの売り上げが、例年は年間１００人程度の収容分なのに対して、北朝鮮がミサイルを飛ばしたりして以降は約50倍の約５０００人分が売れたというものでした。２０１７年10月には自民党が「地下シェルターの整備」を公約に盛り込むなど防災に関する日本国民の関心が高まっているということが明らかに見て取れます。

いつ戦争が起こるかも分からないという予断を許さないような

状況の中、こういった動きが活発になることは大いに理解できます。しかしながら、数千万円出して核シェルターを購入しても、もし核ミサイルが本当に飛んできたとすれば被爆は免れないでしょう。

そこで私は、数千万円出せるのなら、そもそもミサイルが飛んでこない国に逃げればいいのではないかと考えました。数千万円もかからない上に、そちらの方がはるかに安全だとは思いませんか?

## 3. 永住権についての基礎知識

外国に旅行したり、留学したりするといった際にはパスポート（旅券）が必要になります。パスポートとは各国の政府が発給する〝世界共通の身分証明書〟で、海外への出入国の際や旅行中のホテルのチェックインなどの時には絶対に必要です。

しかし、パスポートはあくまでも出国してもよいということを国が認めているだけなので、パスポートを持っているということだけでは外国に無条件に出入国できるというわけではありません。

そこで皆さんもよく耳にする「ビザ（査証）」というものが必要となってきます。ビザは渡航先の各国の在外公館（大使館や領事館）で発給され、その人のパスポートが有効で、入国を許可することを証明するものです。

経営管理ビザ、技能ビザ、技術ビザ…ｅｔｃ．といった就労ビザや留学・就学ビザ、医療滞在ビザ、配偶者ビザなど目的別にさまざまなビザが発給されますが、それぞれ滞在可能日数が異なり、その期間内は滞在ができます。

ビザの中でも一番効力が強いものとして永住権が挙げられます。永住権とはその名の通り、その国に無期限で滞在できる権利です。

同じように無期限でその国に滞在できる権利として市民権があります。国ごとに内容の違いがあるのですが、永住権と市民権の主な違いは、選挙権など公的な権利が得られること、さらに公的な職業に就けると同時に義務も生まれるのが市民権といえます。永住権より取得条件は厳しくなります。市民権と国籍とは同義に使われる場合が多く、日本は二重国籍を認めていないために、例えば米国の市民権を得た人は日本国籍を喪失します。

市民権と異なり、永住権は取得しても国籍は変わらないというところが大きな特徴です。日本の国籍は世界的にも非常に強力で信頼性が高く、ビザが無くてもパスポートのみで約１９０カ国に入国できるため、日本の国籍を捨ててまで他の国の市民権を取得することは、特別な理由がない限り必要ないかと思われます。

## 4．海外移住の歴史

永住権の必要性は、海外への移住が始まってから生まれました。永住権は、移住者を受け入れる側の制度で、移住者の拡大にも規制にも使われます。日本はかつて労働輸出国でもありました。日本人にとって永住権の歴史とは移民の歴史でもあります。

その歩みをここで少し振り返ります。

日本人の海外渡航の始まりは、江戸幕府の長い鎖国の時代が終わった１８６８年の明治維新からでした。西洋列強に対抗するための富国強兵政策で、近代化が急激に進みました。特に欧米の農耕技術を導入した農業は生産性が飛躍的に高まり、結果として多くの農民が余剰労働力として溢れる結果になりました。彼らが新たな就労場所を求め、国内だけでなく海外へも渡航したのが近代の日本人の海外移民の始まりです。

ハワイ王国の総領事として横浜に滞在していたアメリカ商人ユージン・ヴァン・リードは江戸幕府と交渉し、幕末に日本人のハワイ移住を実現しました。一方で明治政府はそれが江戸幕府による許可のため、これを無効としました。しかし、ヴァン・

リードはハワイのサトウキビプランテーションに約150人の日本人移民を強行しました。

こういった経緯で海外へ渡航した日本人たちは、国の保護が期待できず渡航先で奴隷のような過酷な扱いを受けます。

明治政府は自国民が劣悪な待遇を受けたためハワイ王国に抗議、一部が帰国、残留希望者については待遇改善をとり付けました。明治政府はその後しばらく海外移住を禁止し、北海道開拓を推し進めました。

ハワイへの移民が公式に認められたのは1885年の日布移民条約が結ばれてからです。最初の移民の募集では、600人の枠に対し約2万8000人の応募、940人ほどがハワイへと渡りました。これ以降、海外移住が本格化し、両国の契約に基づく「官約移民」は、1894年に民間に委託されるまでハワイだけで約3万人近くになりました。

他にも数千人が木曜島やニューカレドニア、オーストラリア、フィジーなどに渡航しましたが、渡航者のほとんどは数年間の出稼ぎでした。

1890年代に入り、当時の松方内閣の外務大臣を辞した榎本武陽が国外市場の拡大を主張してメキシコでの植民地建設を提唱し、メキシコ南部に「榎本殖民地」と呼ばれる日本人農業定住地を目指しましたが失敗しています。しかしこれがきっかけとなり1899年にはペルーへの最初の契約労働者を目的とした渡航が始まり、続いて日本人のラテンアメリカへの渡航が盛んになっていきました。

北米への移民は前世紀初頭から本格化します。多くは日本人学生でした。貧しい家で育った者が多く、渡航後は住み込みなどの仕事をしながら学びました。

また、農園で働く出稼ぎ労働者も多く、北米における日本人人口が急激に増加しました。このため、1923年にはカナダが、1924年には米国も日本人移民を禁止しました。

北米への移民が制限されたため、移民の対象国は他の国々に移りました。中でも中心になったのがブラジルです。同時にフィリピンをはじめとする東南アジア地域への渡航も盛んになっていきました。

契約労働など出稼ぎとしての海外渡航が盛んに行われている中で、1895年に台湾は日本領土とされ、1910年には韓国併合、1914年には旧ドイツ領ミクロネシアが日本の植民地になりました。

これらの植民地には何十万人もの日本人が移民しましたが、この人々は出稼ぎなどで移民した人々とは対照的に、支配階級の一員ということで厚遇されていました。また、1932年に「満州国」が建国されてから、国家の主要政策として「移住」が掲げられ、敗戦するまで大量の日本人移民が渡航しました。

第二次世界大戦で敗戦すると、その後数年間にわたって600万人以上の軍人や移民が日本に帰還しました。しかし、戦後の日本にはその人々を支える経済力や食糧基盤が乏しく、苦しい状況が続きます。

1951年にサンフランシスコ講和条約が締結され、日本の独立が認められると、政府はラテンアメリカ諸国に、農業移民を送るようになりました。

1952年にはブラジルに戦後初めて移民団が渡航し、次にパラグアイ、アルゼンチン、ドミニカ共和国、ボリビアへと多くの日本人が移住していきました。

一方、この中でドミニカ共和国には1300人ほど移住したのですが、農耕地としてまったく適していない土地だったため、5年後には8割が帰国し、移住を推進した国を相手に訴訟も起こされました。

そして、1960年代に高度経済成長期が始まります。これにより、貧しさから就労の場を求める国民の組織的な海外移住は終焉しました。

1980年代に日本のバブル経済が始まり、多数の日系ブラジル人などが日本に出稼ぎに来るようになりました。そして、1990年頃になると日本人の海外移住もブームになりました。バブル期の日本円の強さを背景に、オーストラリアのゴールドコーストやスペインのコスタ・デル・ソルなどといった高級リゾート地が注目され、豊かな生活を求めて日本人が移住しました。

この時期、政府はスペインなどに退職者など日本人のための保養地造成、「シルバーコロンビア計画」を推進しました。この実態は海外に大型施設を作り、日本の建設会社が受注するという計画でもありバブルの崩壊とともに頓挫しました。

その後、日本ではバブル崩壊による銀行の不良債権問題が引き金になり、金融不安から長期の不況に落ち込みます。リストラが次々に起こり、高年齢の人は再就職も難しいという状況に陥ったため、年金が受給できる歳になるまで暮らしを支えることが目下の課題となりました。

こういった経緯で、バブル時代の豪華な生活を求めるということから、物価の安さを求めて海外へ移住するという流れが生まれました。

２０１１年に東日本大震災が起こり、原子力発電所の破損で拡散した放射性物質の汚染問題で、今度は被災地や周辺地からの避難という動きも生まれました。その中で再び海外移住が注目を集め出しました。

またＩＴ産業などを中心に、海外にも仕事の拠点を置いて多国間のビジネスを展開する企業や個人も増えています。

これらを背景に、さらに永住権の必要性への関心が高まってきています。

# 第3章

# 国によって異なる永住権

## 1.永住権の種類

各国の永住権には、大枠として次のような種類があります。

### ①一般永住権

主に就職などで就労、居住許可を得ている人に対して、その国での働き、生活実績をもとに申請資格が与えられます。通常その資格を得るには4～6年を要します。

### ②公募永住権

申請者の年齢、学歴、職歴、資産、資格や語学力などの各項目のレベルをポイント制で評価し、一定数のポイントを申請条件にしている国が多くあります。この公募永住権制度を採っている国は、イギリス、アメリカ、カナダ、オーストラリア、ニュージーランド、アルゼンチンなどです。各国とも高得点の人から順に永住権を獲得できますが、年々申請者が増え取得が難しくなっています。このうち、アメリカは抽選制もあり、アルゼンチンは任意審査といって在日大使館で書類審査と面接で審査します。

### ③特別永住権

公募永住権以外で、国や州などによって特別に制度化された永住権を指します。第4章などで詳しく説明しているフィリピンの特別永住権（ＡＰＲＶ）もこの一つで、オーロラ州独自の永住権プログラムです。

### ④投資永住権

海外からの投資による経済振興を狙った施策で、各国で資格申請に必要な投資額は異なります。主に起業家に対して提供されるプログラムですが、すでに起業して事業を行っている人も対象となります。

### ⑤配偶者（婚姻）家族永住権

永住権保有者の配偶者や家族に対して永住権を付与するものです。ファミリークラスと呼ばれ、必要性の高さから、最も取得が容易に認められます。そしてこの取得条件において、各国にあまり大きな差異はありません。

## 2. 各国の永住権比較

この項では、日本人に人気のある国の永住権を比べてみます。

ここに例示した条件には各国ごとにさらに細分化された規制、条件があり、いつ変更が入るか分かりませんので、詳しくは各国の大使館などに確認することをお勧めします。

### ❶米国

米国の永住権を取得すると、日本でもおなじみの通称グリーンカードが発給されます。このカードの発給承認条件は、家族、雇用、投資、コンピュータによる抽選に大別できます。

**①家族が米国籍を持つもの**

米国国籍あるいは永住権を持つ配偶者や親、兄弟や子供の家族が対象となります。

**②自己の才能、能力によるもの**

・世界的にも著名で並外れた能力を持つ人、優れた業績のある学者、研究者がまず対象となります。科学、芸術、教育、スポーツとその対象分野は幅広いです。

・高学歴者、通常マスタークラス（博士）の学位を持つ人も対象となります。各分野の専門家で米国の経済、文化、厚生部門に貢献できるということが対象条件です。

・企業の役員、管理職で米国内の親会社や支社、系列会社で活躍が期待される人を対象とします。

**③投資によるもの**

１００万米ドル（１億１０００万円）以上の投資をし、２年以内に10人以上の米国人の直接雇用が条件となります。このほかに時限立法として特定の地域内で50万米ドル以上の投資で永住権の対象となるプログラムもあります。これは特定地域の発展と雇用促進を目指す期間限定措置です。

## ④コンピュータによる抽選

抽選によって取得する移民多様化ビザ抽選プログラム（Diversity Immigrant Visa Program）です。年1回抽選があり、当選すると永住権が発給されます。年間5万件の認定があると言われています。

移民率の低い地域、国ほど多く配分されるようにコンピュータによって抽選が行われます。ただし、過去5年間に5万人以上の移民を米国に送り込んだ国は対象外となります。

グリーンカード認定は年間100万件を超えるともいわれますが、トランプ大統領は国内雇用の拡大のために、大幅な縮小を目指し議論を呼んでいます。

また近年はこの永住権や市民権を放棄する人が増えているようです。その理由は、2010年に成立した外国口座税務コンプライアンス法（FATCA）により、海外資産や取引などの報告を義務付けられるようになったことです。特に永住権の場合、いかなる理由があっても1年の半分以上を米国外で過ごすと永住権剥奪の可能性がある、所得税も一般的には日本より高い、また災害や紛争など有事の際に救済される優先順位は市民権の保有者より低いといった理由も大きいと思われます。

## ❷カナダ

２０１６年に人口が３５００万人を突破したカナダは、先進国でもトップクラスの人口成長率を誇っています。最近も30万人の移民受け入れ計画を示しました。そのように多くの移住者を迎えながら、出身国や宗教に特定の偏りが生じないような戦略的な移民プログラムを実施。人種差別や暴動なども目立たず、国民の多様性の実現を目指し巧みな移民政策を取っています。

他の国と同様な市民権や永住権保持者の家族を対象とした永住権付与のほか、次の人が対象となります。

**雇用による取得**

次の種目がありますが、いずれも一定の語学力と就労経験など、経済的に自立できる能力が求められます。

**・技能移民（Federal Skilled Worker Program=FSW）**

国内外問わず指定の専門的な知識や技術を要する職での就労経験が1年以上ある人。

**・技能トレード移民（Federal Skilled Trade Program）**

技能移民の中でも建設、メンテナンス関係、シェフなどの指定された職業に、国内外問わず過去5年のうち2年以上就労経験のある人。この対象者に求められる英語能力は高くありません。

**・カナダ経験クラス（Canadian Experience Class）**

カナダ国内で最低1年間、指定の専門的な知識や技術を要する職業での就労経験のある人。

**・ケアギバープログラム**

ケアギバーとは、子供の保育や要介護者のケアをする介護職のことを指します。過去4年間のうち2年以上の保育または介護職での就労経験が必要です。英語またはフランス語のビジネス会話（初級レベル）ができる語学力が求められます。年間2750人の枠があります。

**・州ごとの永住権付与プログラム**

カナダには州ごとに独自の永住権を付与するプログラムがあります。州に必要な人材を確保することが目的のため、人口が少ない州（マニトバ州、ユーコン準州など）では条件が比較的緩くなっています。

**・アーティスト、アスリート、自営業者向け**

アーティスト、アスリート、農業経営者などで世界トップレベルで活躍している人。一定の語学力などのポイント審査で最低条件を満たしている人が対象となります。

## ❸オーストラリア

広大な国土を持つオーストラリアも積極的な海外からの移民導入で人口を獲得してきました。総人口が２４００万人になった２０１７年は年間38万８０００人が増加、そのうち60％余り、24万人が海外からの移住者によるといいます。同国の移住政策は、高度な技術、経営ノウハウなどを持ち、経済発展に寄与する人材を特に重視しています。

### 雇用による取得

### ・技術独立永住ビザ

ＳＯＬ（Skilled Occupations List）に掲載されている技術職での就労経験があり、18歳以上49歳未満で一定の語学力（英語検定の一つＩＥＬＴＳで6・0以上）がある人。学歴や資格、就労経験などで付与されるポイント制の審査の通過を条件にしています。

近年はポイントの引き上げや発給人数の引き下げにより取得が困難になっています。

### ・ワーキングホリデーから

ワーキングホリデー中にオーストラリア国内で雇用主を探し、スポンサーとしてサポートしてもらうことができる人。雇用されるポジションで必要なレベルの語学力がある人が対象です。

## 投資による取得

### ・一般投資家ビザ

資格条件を評価するポイント審査で最低65ポイントを有すること、申請時に55歳未満であることが必要です。自分のスキル、経験を申告する証明書（ＥＯＩ）を提出し、移民局より承認を受けます。州政府・準州政府の推薦も必要です。以上をクリアした上で、１５０万豪ドル（１億２０００万円）以上の適格投資を行い４年間継続可能なことが条件です。

### ・上級投資家ビザ

ＥＯＩを提出し、州政府による承認を受ける。ビザ取得後、４年間のうち１６０日以上の滞在が可能なこと。以上をクリアした上で、５００万豪ドル（４億円）以上の投資を行うことが必要です。

**・プレミアム投資家ビザ**

ＥＯＩを提出し、オーストラリア貿易促進庁による承認を受けること。１年後に永住権を申請する前提で、１５００万豪ドル（12億円）以上の投資が条件です。

## ❹ニュージーランド

ここ数年、過去にない人口増を記録し４８７万人（２０１７年）になったニュージーランドは、海外からの移住者が、その増加の多くの部分を占めます。最近は中国、インドからの流入が多いのですが、２０１７年の労働党への政権交代によって移民政策に変化があり、移住者により高い技能、資産、資金力を求めるなど、永住権についても発給を抑制する傾向にあります。

## 雇用による取得

### ・技能移民ビザ

年齢が20歳以上55歳未満、健康で犯罪歴が無く、語学力が十分にあること。EOIを提出し、一定ポイント以上獲得できる人が対象です。

### ・起業家ビザ

起業資金最低10万NZドル（750万円）、一定の語学力、その他、ビジネス運転資金や生活資金などの証明も必要です。

## 投資による取得

### ・一般投資家ビザ

65歳以下で、事業経験年数が最低3年以上あり、申請者及び扶養家族に一定の英語力が必要です。以上をクリアした上で、300万NZドル（2億2500万円）以上の投資を行い、4年間継続して投資できることが条件です。

### ・上級投資家ビザ

年齢制限なし、英語力不問、事業経験不要と、どんな人でも申請できます。滞在義務も3年の投資期間のうち2年間で年間44日以上居住すれば良いだけです。以上をクリアした上で、1000万NZドル（7億5000万円）以上の投資を行い、3年間継続して投資できる人が対象です。

### ❺英国

旧英領植民地、イギリス連邦の英国臣民の移民に大きく門戸を開いた英国は、移民の増加によって人種差別や暴動を招きました。またEUの中でも経済の立ち遅れた東欧諸国などからの流入も多く、就労の機会減少を危惧する国内の労働者などの反発もあり、それがEUからの離脱の要因にもなったといわれます。これらを背景に、移住の容認、永住権付与にはその条件の厳格化が進んでいます。規制条件の変更が続いていますが、永住権の対象者に英国の経済発展への貢献を求める姿勢が前面に出ています。

**雇用による取得**

・ビザを取得した上で合法的に5年間継続してイギリスで就労している人。労働許可ビザ保有者、投資家、報道関係者、アーティスト、高度技術者などが対象です。

**長期滞在による取得**

ビザの種類に関係なく、合法的にイギリスに10年以上滞在している人。あるいは合法、非合法に関係なく、イギリスに20年以上滞在している人を対象とします。

**投資による取得**

・1000万ポンド（1億4000万円）以上を投資し、5年間継続したことが条件です（個人名義の資産が2000万ポンド以上であれば、投資額を借り入れすることができます）。

・500万ポンド（7億円）以上を投資し、3年間継続した人。

・1000万ポンド（14億円）以上を投資し、2年間継続した人。

## ❻タイ

人口6900万人のタイには、日本の進出企業や日本食店も多く、住みやすさを感じます。しかし移住や永住権取得のための条件は厳しく、日本人の永住権獲得は年間100人の各国取得枠にも達していません。基本的にはタイ人の配偶者がいるか、就労証明書が必要で、タイ語の会話能力も求められます。取得には時間がかかり、費用も比較的高額です。

**就労による取得**

・3年間以上労働許可証を保持していること（就労ビザを取得）、1カ月8万バーツ以上の勤労収入があること、2年間分の所得申告書（年間10万バーツ以上の納税が必要）が提出できる人。

**タイ人の配偶者がいる人**

・配偶者がいる場合は1カ月3万バーツ以上（2年間分）の収入証明などが必要になります。

これらの永住権すべてを合わせて日本人には年間１００人にしか付与されません。

**投資による取得**

・１０００万バーツ以上の株式や国債などへの投資
・資本金１０００万バーツ以上の会社の取締役

## ❼韓国

朝鮮戦争後、労働者の海外流出が盛んだった韓国は、少子高齢化になり20世紀末から労働者不足を招きました。同時に韓国人と結婚する主に東南アジアの女性も増え、海外からの労働者とそれら女性たちとその家族の保護のため「多文化家族支援法」などの法整備を実施しました。各自治体レベルでも移住者への受け入れ体制が整備されています。韓国の人口は５１４５万人（２０１７年）、そのうち外国籍移民は２２５万人といわれ、増加のペースは高まっています。

**長期滞在による取得**

・一定の語学力があり、合法的に韓国に2年以上滞在している人（一時帰国や海外旅行を除く）。

**投資による取得**

・50万米ドル（5500万円）、あるいは200万米ドル（2億2000万円）以上を投資し、各一定以上の韓国人を雇用すること。

**自己の才能、能力による取得**

・博士など一定の学位、著名な功績をあげた人。

## ❽ハンガリー

ＥＵ加盟国ながら、ユーロを導入せず自国通貨を使っており、物価も安い。また難民の受け入れに反対もあり、反移民キャンペーンも存在します。しかし労働環境はよく、育児支援も整っており、男女差別がないなど永住権のメリットも大きく、ヨーロッパ各国へのビザなし長期滞在も可能になります。

**長期滞在による取得**

・合法的にハンガリーに3年以上滞在している人。
・ハンガリー国内での資産やハンガリー語などが一定のレベルを満たしていること。
・3年間で270日以上のハンガリー国外での滞在歴がないこと。
・貯金残高が400万フォリント（160万円）以上あること。

などの申請条件があります。

## ❾マルタ

イギリス連邦とEUに加盟するマルタ共和国は人口43万人余り（2016年）の小さな島国です。しかし第二次大戦中、イギリスの軍事拠点になったことから、英語を90％近い国民が話し、教育レベルも高水準です。地中海型の気候で、晴れの日が多く、治安も守られ、居住先として人気があります。政府は海外資本の導入に力を入れており、法人税の最低比率5％、相続税や固定資産税が免除されるなど経済的魅力も大きいのが特徴です。2018年には最大手の仮想通貨取引業者のバイナンスが香港から拠点を移すなど、世界中からＩＴ企業や仮想通貨業者が集まり始めており、地中海のシリコンバレー、仮想通貨大国ともいわれています。

**不動産投資などによる取得**

・不動産購入は地域によって最低27万ユーロ（３５１０万円）から32万ユーロ（４１６０万円）の投資が条件です。

・不動産賃貸は同じく最低1万ユーロから1万２０００ユーロの不動産の賃貸契約が条件です。

## ⑩エストニア

旧ソビエト連邦から１９９１年に独立したエストニアは、バルト三国の一番北にある人口１３０万人の小国です。しかし国をあげたＩＴの導入で、電子政府を築き、投票から税金の支払いに至るまであらゆる行政サービスがインターネットを通して受けられるＩＴ先進国として世界の注目を集めています。e-residencyシステムで海外からも会社の設立や銀行口座の開設などがインターネットを通じてできるようになっています。

社会のインフラ環境が整っており、治安もよく、その上キャピタルゲイン、インカムゲインへの課税がないなどの条件が評価され、海外法人がエストニアに積極的に拠点を構え、進出するようになっています。

エストニアで永住権を取得するには、まず一時居住許可を得る必要があります。婚姻や家族での移住希望、就労や就学、起業、会社経営などが一時居住許可の対象となり、それぞれに証明が必要となります。その際、エストニア語の試験も課せられます。ただ日常的には英語がかなり通用します。

e-residencyを申請するには、次のサイトから応募できます。

http://e-resident.gov.ee/

英語での申請になりますが、Google翻訳も使えますし、誰でも申請が可能です。

登録費用は、100ユーロ（1万3000円）かかります。有効期限は3年です。

## ⑪シンガポール

資源の乏しい国土の開発、そして少子高齢化対策のために、同国は積極的な永住権付与などの移民政策を取ってきました。２０００年以降は人口も急増し、２０１７年には人口５６１万人で、うち30％近くが海外からの移入者といわれます。国民一人あたりのＧＤＰも日本を抜いてアジアでトップになっています。経済発展に伴い、医療、教育そして治安も世界のトップレベルとなりました。低い法人税率、所得税率、配当やキャピタルゲインの非課税、相続税や贈与税の免除などのメリットがあるため、多くの著名企業や金融機関が集まり、空港や交通機関などのインフラが発達しており、ビジネス環境も申し分ありません。ただこれらの魅力で増えた人口が、就労機会の縮小や都市問題を招いており、永住権取得条件の厳格化が進んでいます。

### 雇用による取得

一般的にはＥＰ（エンプロイメントビザ＝就労ビザ）を取得し、３年後に申請可能です。

専門的な技術や知識を持つ人、あるいはビジネスで成功を収めて十分な税金を納めてくれると国が判断した人の場合、3年以内でも取得できることがあります。

## 投資による取得

GIP（グローバル・インベスタープログラム）と呼ばれるプログラム

あらかじめEPを取得する必要はありませんが、シンガポール政府指定のファンドに最低でも250万SGドル（2億円）の投資をした人を対象にしています。

条件として、

・3年以上の起業家としての経験（会社の財務諸表の提出）。

・経営している会社の直近の売上が年間5000万SGドル（40億円）以上、かつ直近3年間の平均が5000万SGドルを上回ること。不動産業や建設業関連の場合、直近の売上2億SGドル（160億円）、3年間の平均売上2億SGドルを上回ること。

・会社の株式全体の30％以上を保有していることなどがあります。

なお永住権に伴う義務として、CFP（主に老後の生活資金の確保を目指す強制貯蓄制度）や永住権取得二世からの兵役義務があります。

## ⑫スイス

近隣のヨーロッパ各国などから労働者や高度な技術を持つ移民を積極的に受け入れ、九州よりやや大きな国土に848万人（2017年）が暮らします。何といってもアルプスに囲まれた自然は美しく、物価は高いものの食料は豊かで、教育水準も高いため、多くの人が移住を希望します。しかし、移住者の急増による社会保障や環境整備のコストが増加し、2014年には移民の規制が国民投票で決まりました。それでも低い税率や企業優遇の政策などもあり、近年はブロックチェーンの関連企業が拠点を次々に中央部のツーク市周辺に移しており、「クリプト（暗号）バレー」と呼ばれる地区も生まれ発展しています。

### 長期滞在による取得

ビザを取得し累計で最低10年間のうち、過去5年間連続してスイスに滞在している人。犯罪歴がないなどの条件を満たし、また配偶者がスイス人あるいは永住権取得者の場合は過去5年間連続滞在のみで取得可能です。

## ⑬香港

英国から中華人民共和国に1997年に返還され、香港特別行政区政府の管轄になっています。社会主義と資本主義を両立させた一国二制度でイギリス文化の影響も残し、独特の社会、風土が残っています。返還以降、中国本土から人の流入が急増し、人口は700万人を超え、人口密度は世界でトップクラスです。外国人の企業家や技術者も積極的に受け入れており、ニューヨークやロンドンと並ぶ世界の金融センターとしても発展しています。特に最近はブロックチェーンなどの仮想通貨技術者が世界中から集まっています。その理由は、中国本土では仮想通貨の取引が全面的に禁止されているのに対し、香港では比較的自由度が高いためです。また株式や不動産などのキャピタルゲインに対しては非課税で、仮想通貨も同様に税を免除されており、これが仮想通貨取引の活発化の基盤、隆盛の呼び水になっていると見られます。法人税や所得税も低率に抑え、経済の発展を支えています。

**長期滞在による取得**

ビザ（労働ビザ、投資ビザ、研修ビザ、配偶者ビザ）を取得した上で合法的に香港に7年以上滞在している人。

## ⑭フィリピン

最後にフィリピンの永住権を紹介します。これまでの各国の永住権よりも、少し詳細に説明します。その理由は本書の冒頭で述べましたように、フィリピンの永住権が現在の各国の制度に比べ、効用や利便性、コストからみて一番利用しやすいものと考えるためです。

まず取得条件を確認し、その優れた利便性、効用などは第4章以降で確認してください。

フィリピンは世界有数の労働者の海外輸出国です。海外で働く人（ＯＦＷ＝Overseas Filipino Workers）からの送金がＧＤＰの10％とも言われ、国の経済を支えています。それと同時に同国では外貨獲得政策として、海外からのビジネスマンやリタイアした人々の受け入れも積極的に展開しています。労働雇用省（ＤＯＬＥ）など関係機関も整備されています。

これらの機関が関与する許可、承認システムは、外国人雇用許可証を筆頭に、さまざまなものがあります。

フィリピンの永住権と一口にいいますが、その種類や取得方法も多岐にわたります。その中でも代表的なものとして「クオータビザ」、「ＳＲＲＶ」、そして今回ご紹介する「ＡＰＲＶ（ＡＰＥＣＯ特別永住権）」があります。

クオータビザは、ビジネスなど活動の自由度が高く、取得後の維持条件もほとんどありません。日本、アメリカ、ドイツの三カ国に対しそれぞれ年間50人の枠が認められています。

ＳＲＲＶは特別居住退職者ビザといわれます。リタイアした夫婦や家族がフィリピンに住み、その年金などを使ってもらうことを目論んだ制度ですが、30代でもこの制度の適用が可能です。

APRVはオーロラ特別経済区が取り組む振興開発事業プログラムの1つとして承認される特別永住権で、取得の容易さ、利便性からみて今一番お勧めするものです。

これら3つの永住権を、それぞれの必要手続きごとに比較検討します。

**①取得に関する年齢制限**

他国の永住権の取得に際しては、一般的に成年に達した人でないと取得できない、あるいは高齢者の取得はできないなどの条件がついたりしますが、フィリピン永住権の中でも年齢制限がないものもあります。

SRRVの場合　35歳以上

クオータビザの場合　20歳以上

APRVの場合　年齢制限なし

となっています。

ます。

### ②取得に必要な費用

#### SRRVの場合

SRRVの中でも「SRRVスマイル」と「SRRVクラシック」に分かれています。

**・SRRVスマイルの場合**

預託金（一時的に預けますが、永住権を放棄する場合返ってくるお金）は一律2万米ドル（220万円）です。

**・SRRVクラシックの場合**

預託金は50歳未満の場合5万米ドル（550万円）、50歳以上年金受取無しの場合2万米ドル（220万円）、年金受給者の場合1万米ドル（110万円）、ということになっています。

SRRVスマイルとSRRVクラシックの違いとして、基本的にどちらも預託金は引き出して使うことはできません。ただSRRVクラシックの場合は諸条件をクリアすれば不動産投資に使用可能です。

### クオータビザの場合

預託金は一律5万米ドル（550万円）です。この5万米ドルはビザ取得後に自由に使うことができます。

### クオータビザ、SRRVの取得手数料について

基本的に両ビザ共に自力で取得作業を実行できる場合、手数料は必要ありません。

しかしながら、契約書は英語で表記されていることはもちろん、各諸手続きのための関係各所とのやり取りがとても煩雑なため、かなりの英語力が必要なことと、現地でのコネクションがないままことを進めようとしても、思うように担当者が動いてくれないことへの忍耐力が必要です。

取得サポート業務を行っている業者はそれなりに関係各所とのコネクションがあり、自力で行うよりも結果的に時間短縮できることになるため、無駄なストレスを感じずに取得できます。

従って現地企業などで永住ビザの取得サポート業務を行っている業者に依頼し

て、その手数料を支払って取得するケースが大半です。

**・クオータビザ取得の手数料の目安**

預託金や渡航費、宿泊費（長期の連続滞在が必要）とは別に、手数料で２００～３００万円程度（業者により異なりますが２５０万円内外の業者が多いようです）。

※また、申請しても必ず取得できる保証はなく、取得できない場合にも手数料の返金がないケースも多いようです。

**・ＳＲＲＶ取得の手数料の目安**

預託金や渡航費、宿泊費（長期の連続滞在が必要）とは別に、手数料は35～60万円程度（業者により異なりますが50万円内外の業者が多いようです）。

## ＡＰＲＶの場合

他の永住ビザと違い、預託金ではなく事業開発費としての資金２万米ドル（２２０万円）と、新規登録手数料として１５０万円が必要です。ＳＲＲＶやクオータビザと違い、投じた資金が戻ってこない点が唯一の不利な点といえます。

## ③永住権の更新頻度と更新料

永住権を取得してからも、毎年の更新が必要なものから、5年に1度の更新で済むものまで永住権の種類によって条件はさまざまです。

### SRRVの場合

年会費が360米ドル（同伴者が3人以上の場合は1人あたり100米ドル追加）がかかります。

1年ごとの更新のため、仮に日本や他の国に居住していた場合、更新のための渡航費や宿泊費が毎年かかります。

### クオータビザの場合

年会費は必要ありません。しかし、更新時にアニュアルレポート（手数料約1000円）の手続きが必要となります。

SRRVと同じく1年ごとの更新のため、仮に日本や他の国に居住していた場合、更新のための渡航費や宿泊費が毎年かかります。

### APRVの場合

年会費が7500円かかり、5年ごとの更新費用が7万5000円かかります。他の永住ビザと違い、5年ごとの更新のため、仮に日本や他の国に居住していた場合でも更新のための渡航費や宿泊費は5年に1度で済みます。

## ④取得に必要な滞在期間

永住権取得の際に、必要な書類や審査といった諸手続きを行うため一定期間の現地滞在が必要です。

### SRRV、クオータビザの場合

取得にはおよそ30日から40日以上の連続滞在が必要です。申請から取得までの期間中は出国できませんので、この間フィリピンに滞在し続ける必要があります。やむを得ず途中で一時的に国外へ出る場合は、別途費用が必要になることもあります。

フィリピンでの無犯罪証明書が必要で、この取得には時間を要することが多いため、ある程度の期間を見込んだ方が良いです。

**ＡＰＲＶの場合**

フィリピンに５日の滞在が必要です。

他の永住ビザと違い、フィリピンでの無犯罪証明書は現地で滞在する５日の間に取得することが可能です。

※日本側での無犯罪証明書について

ＡＰＲＶは必要ありませんが、ＳＲＲＶ、クオータビザの場合は、日本において無犯罪証明書を取得する必要があります。無犯罪証明書の申請は本人のみ可、申請場所は各都道府県の警察本部で平日のみの受付けとなります。受け取った証明書は外務省およびフィリピン大使館での認証が必要となりますので、およそ１カ月程度時間がかかると思われます。

## ⑤フィリピンから出国する際の手続き

### クオータビザの場合

空港で再入国許可手続き（ＥＣＣ）が必要となります。

ＥＣＣにかかる費用は基本２１７０ペソ、その年の初めての出国の場合は２８８０ペソかかります。

### ＳＲＲＶ、ＡＰＲＶの場合

再入国許可手続きは不要です。

## ⑥住居の必要性

基本的に永住権を取得するためには、その国で居住するための住所が必要です。

### ＳＲＲＶ、クオータビザの場合

永住権を維持する目的で、不動産を購入あるいは賃貸して住居の確保が必要となります。

### APRVの場合

ＡＰＥＣＯのリゾート施設開発事業目的でプログラムが組まれており、その資金で建設するＡＰＥＣＯのリゾート施設を住所に割り当てる仕組みのため、住居の確保をする必要がなく永住権維持コストの削減となります。

## ⑦手続きに必要な書類

### SRRV、クオータビザの場合

パスポート、戸籍謄本、日本での無犯罪証明書、健康診断書

### APRVの場合

パスポート

以上のような違いがあります。

それぞれの項目を見ていくと、日本など外国とのデュアルライフを主に考える場合はＡＰＲＶを取得するといったように、個人の目的に合わせてどの永住権を取得すべ

きか考えて選択することをお勧めします。

COLUMN 2

## ＡＰＲＶ（ＡＰＥＣＯ特別永住権）の魅力

永住権の取得には、ＡＰＲＶ以外のものだと通常40日程度の連続滞在が必要となります。もし途中で出国するようなことがあれば、またやり直しになったり、追加で費用がかかる場合がありますが、ＡＰＲＶは４泊５日のツアーで永住権を取得できるという、忙しい方に適した取得しやすいシステムとなっています。

ＡＰＲＶは、今のところ取得時に健康診断書の提出もないため軽度の持病があっても大丈夫です。また、永住権の取得と維持にはフィリピンに居住するための住所が必要となりますが、ＡＰＲＶは建設中のリゾート施設の住所を割り当てる仕組みで永住権を維持できるため、すぐにコンドミニアムを購入したり賃貸する必要はありません。もちろん、ご自分で購入した不動産に住所を移すこともできます。

そして、取得代表者に紐付く家族（配偶者・20歳未満の子供）の取得費用は、一人あたり取得代表者の10％の金額で取得が可能（人数制限あり）なことも利点といえます。

ＡＰＲＶの年会費は取得代表者が７５００円、取得代表者に紐付いて取得した家族は７５０円です。更新は5年に1度で済み、更新料については、取得代表者が7万５０００円、取得代表者に紐付いて取得した家族は７５００円と取得後の維持コストも安価です。このような取得までの簡便さと低廉な維持コストがＡＰＲＶの人気に繋がっています。

図1■APECO特別永住権プログラムとは

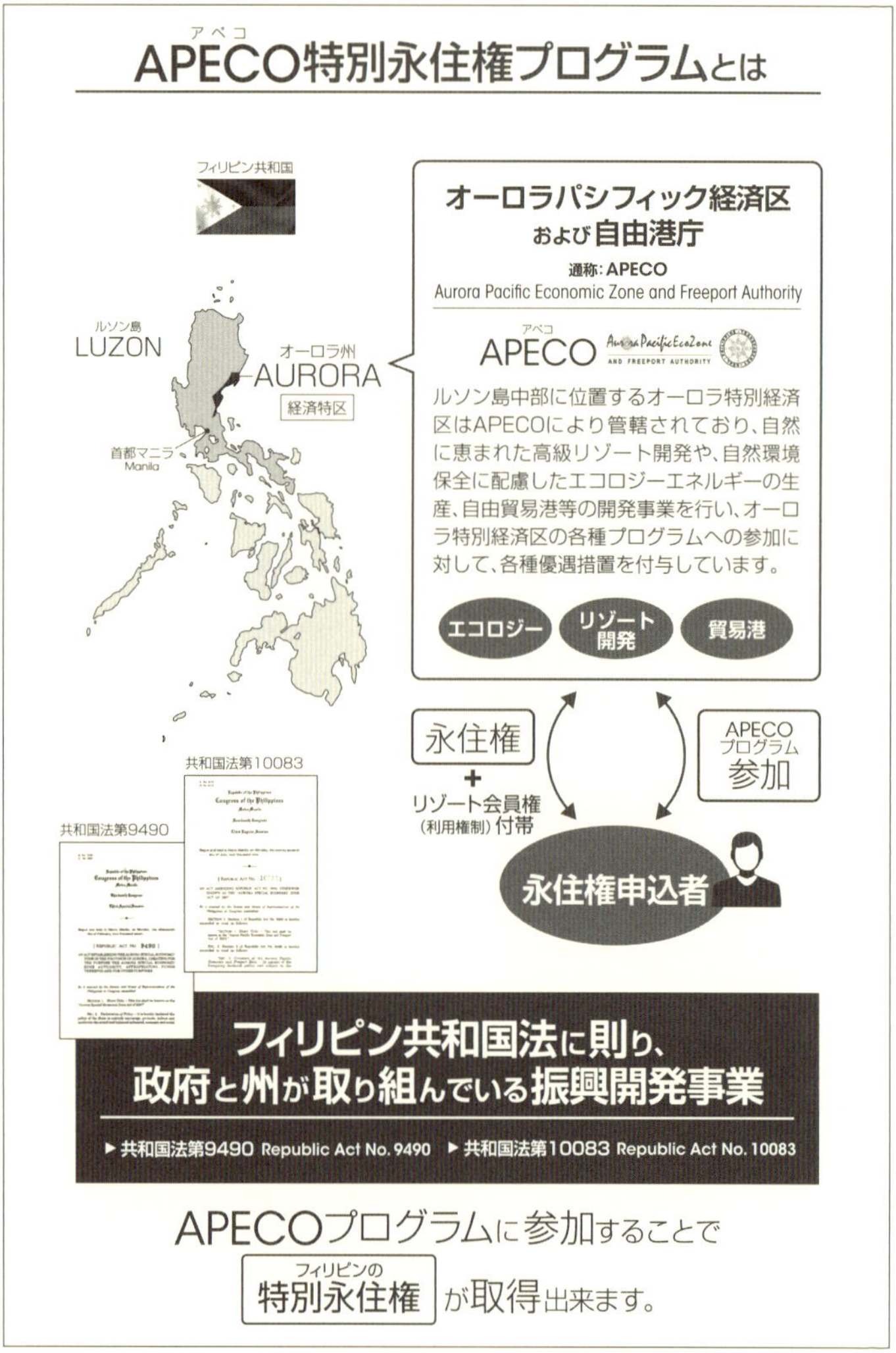

APECO《アペコ》特別永住権プログラムとは
フィリピン共和国
ルソン島
LUZON
オーロラ州
AURORA
経済特区
首都マニラ
Manila
オーロラパシフィック経済区
および自由港庁
通称：APECO
Aurora Pacific Economic Zone and Freeport Authority
APECO《アペコ》
AND FREEPORT AUTHORITY
ルソン島中部に位置するオーロラ特別経済区はAPECOにより管轄されており、自然に恵まれた高級リゾート開発や、自然環境保全に配慮したエコロジーエネルギーの生産、自由貿易港等の開発事業を行い、オーロラ特別経済区の各種プログラムへの参加に対して、各種優遇措置を付与しています。
エコロジー
リゾート開発
貿易港
永住権
＋
リゾート会員権
（利用権制）付帯
APECO プログラム 参加
永住権申込者
共和国法第10083
共和国法第9490
フィリピン共和国法に則り、
政府と州が取り組んでいる振興開発事業
▶共和国法第9490 Republic Act No. 9490　▶共和国法第10083 Republic Act No. 10083
APECOプログラムに参加することで
フィリピンの
特別永住権
が取得出来ます。

# 1 日本から一番近い東南アジアの国・フィリピン

**日本から飛行機で約4時間半**

| | |
|---|---|
| 人口 | 1億人以上 |
| 出生率 | 約3人 東南アジアナンバー1の出生率と人口増加率 |
| 年令 | 平均年令23.5歳 ※日本47.3歳 |
| 言語 | 世界第3位の英語圏 |
| 平均気温 | 21～32℃ 熱帯海洋性気候 |
| 国民性 | 親日的で家族主義 |
| 経済 | アジアトップクラスの経済成長率 |

■マニラ首都圏
（通称メトロマニラ）

## ビジネス・投資に適した代表的なエリア

### マカティ

首都マニラの南東に位置し、高層ビル群が立ち並ぶフィリピンのビジネス首都の位置付けで、「フィリピンのウォール街」と呼ばれる副都心です。

### オルティガス

首都圏でマカティに次ぐ2番目に大きな「ビジネス・金融の中心地」です。

### BGC
（ボニファシオ・グローバルシティ）

高級住宅、大手企業や国際的な金融機関の高層オフィスビルが立ち並び、生活の利便性も高いエリアです。

## 2 豊富な労働人口と英語力が支えるフィリピン経済

ほがらかな
国民性

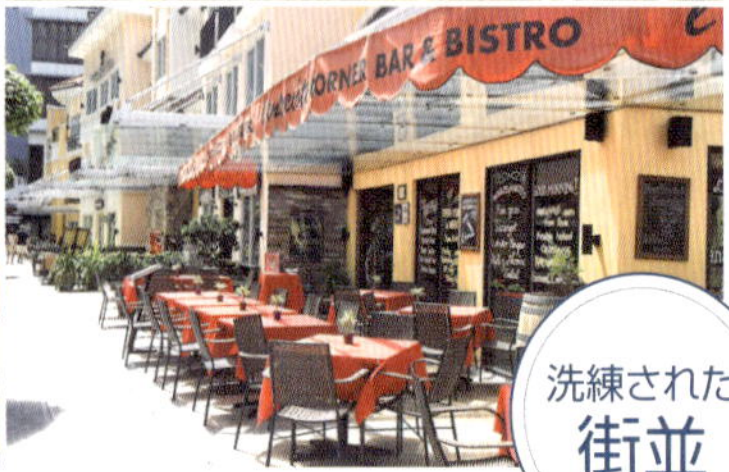


洗練された
街並

フィリピンの実質GDP成長率は、2010年に7.6％と高い水準を記録した後、2011年は世界経済低迷の影響を受けて3.6％とやや鈍化したものの、2017年には、6.9％と他のASEAN各国との比較においても高い伸びを記録しており、フィリピン経済は好調です。

■フィリピンGDP成長率

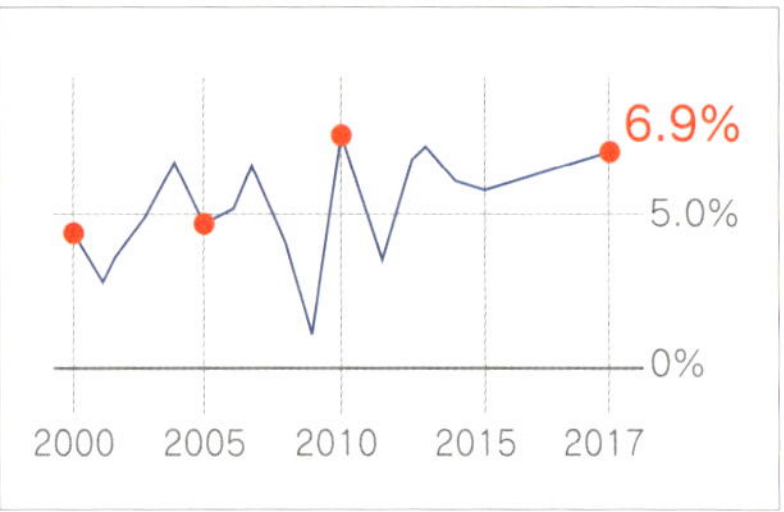


出典：IMF

## 発展著しい現在のBGC(ボニファシオ・グローバルシティ)

セントルクスメディカルセンター

パラワン島

セブ島

シティ・オブ・ドリームス

オカダマニラ

## ■観光立国・フィリピン

フィリピンは、7,100以上の島々からなる群島国家です。美しい海岸、有名なダイビングスポット、豊かな大自然がそのまま残る離島や遺跡等、多くの名勝地を抱える世界有数のリゾートアイランドであり、カジノ事業と併せて観光業の活性化、ひいては雇用の創出を図り、国の経済成長に繋げています。

# 3 フィリピンで事業を展開するハロハロアライアンス

## フィリピン最大級のウェブコンテンツホルダー

| Hallo² Mall hallohallomall.com | Hallo² Town hallohallotown.com | Hallo² Job hallohallojob.com |
|---|---|---|
| インターネットショッピングモール | レストラン紹介サイト | 企業紹介サイト |
| 小売業インデックス | サービス業インデックス | 企業インデックス |
| テナント店数 2,000 | テナント店数 12,000 | 登録企業数 200,000 |
| 商品数 75,000 | メニュー数 80,000 | 求人数 1,000 |

## ハロハロ会員290万人 2018年9月現在

**日本の洗練されたアイテムを販売するセレクトショップ**
クールジャパンショップ

**日本のカワイイ系ファッションを扱うアパレルショップ**
東京ガールズコレクション

**映画をテーマにしたエンターテイメントレストラン**
ムービー・スターズ・カフェ

**クールジャパンショップ&レストラン複合施設**
グロリエッタ・プロジェクト
総面積 約2,600平米

**フィリピンのアイドルグループ AKB48マニラバージョン**
MNL48

フィリピン最大手テレビ局 ABS CBN と提携

フィリピンにおいて、2012年4月1日にグランドオープンをした「Hallo Hallo Mall（ハロハロモール）」が、B to B to C型インターネットショッピングモールとしては、フィリピン最大級の規模に成長したことから、Hallo Hallo Mallの運営会社であるHallohallo Inc.が日本の各分野におけるリーディングカンパニーをフィリピンへ誘致、緩やかな資本提携、または業務提携により異業種の企業連合を形成しています。

Hallo²® Alliance

■ハロハロアライアンス オフィシャルWEBサイト
hallohalloalliance.com
■ハロハロインク オフィシャルWEBサイト
hallohallo.ph

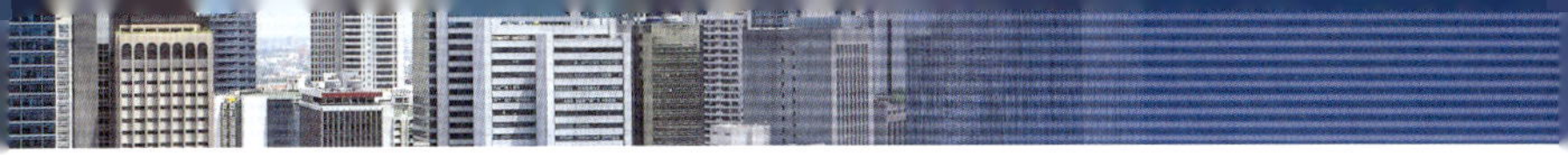

## ハロハロアライアンス活動実績・報道事例

### 海外ビジネスEXPO 優勝

後援：経済産業省・外務省・中小機構

### クールジャパンフェスティバル

主催：ハロハロアライアンス

### 2015クールジャパン ビジネスマッチング グランプリ受賞

協力：経済産業省

### 日本フィリピン友好60周年記念イベント

主催：在フィリピン日本大使館・ハロハロエンターテイメント
©AKS

### フィリピン雇用労働省と提携

- フィリピン雇用労働省との提携
  DOLE (Department Of Labor and Employment)
- フィリピン社会福祉開発省との提携
  DSWD (Department of Social Welfare and Development)
- 公共雇用サービス庁との提携
  PESO (Public Employment Service Office)

### 各メディアにて紹介

日本経済新聞に掲載

朝日新聞に掲載

日経MJに掲載

## Hallohallo Inc.は日本唯一のAPECO公式代理店

Communicating Ideas.
Hallohallo Inc.

**Hallohallo Inc.**
ハロハロインク

マカティ市、パシフィック・スタービル

2/F HR Pacific Star Bldg., Sen. Gil J. Puyat cor. Makati Ave., Makati 1209 Philippines

4

# 4泊5日で取得・フィリピン特別永住権(APRV)

## フィリピン捜査局(NBI)、移民局(BI)での各種手続き

## APECOオフィスでのインタビュー

## 永住権取得後に手に入る内容

■永住権証明書類

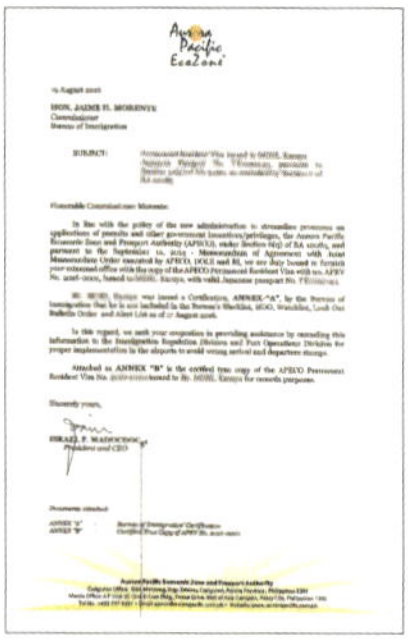


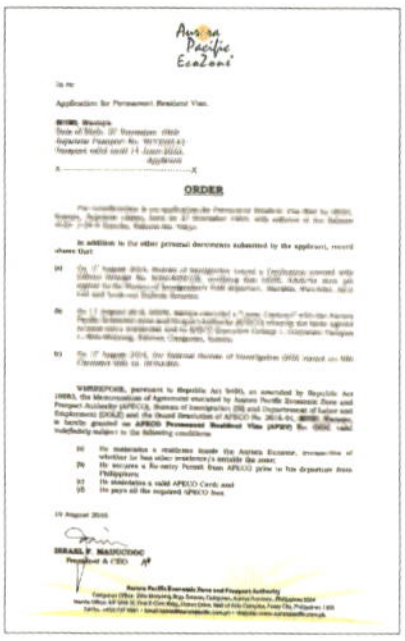


■永住権VISA

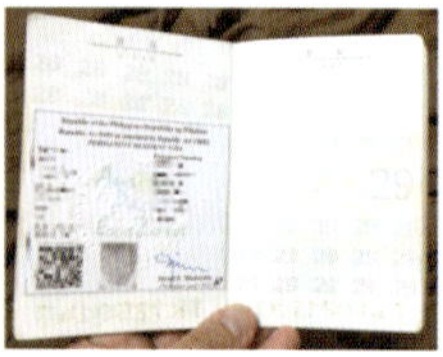

■APECOカード

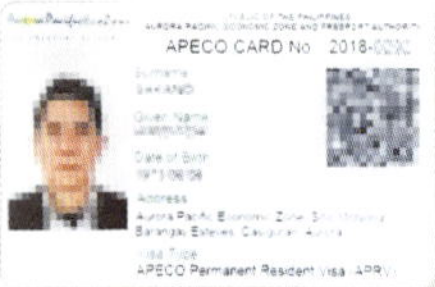

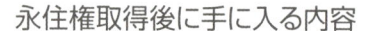

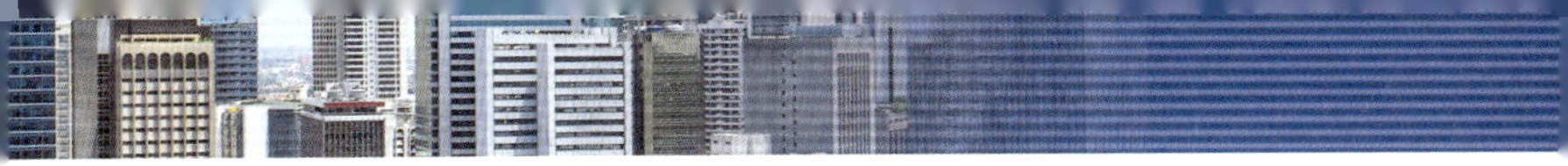

## 5 リゾート開発の現況

■リゾート開発地予定プラン図

アメニティ　スパ、ビリヤード、バー、カラオケ等

2018年3月の工事状況

各部屋が独立したレジデンス開発で、お客様のニーズに合わせて、宿泊・居住施設（販売、賃貸、またはタイムシェア）、サポート施設、およびアメニティが順次建設予定です。

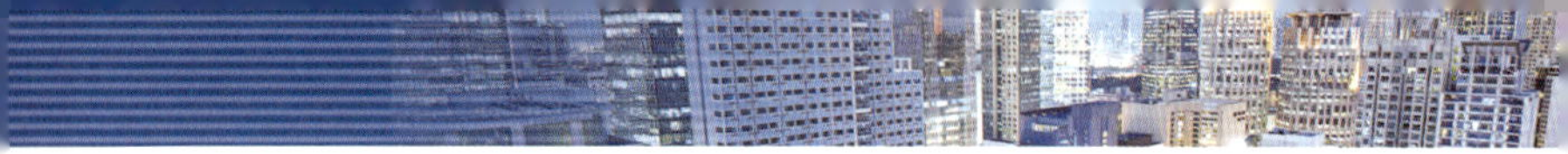

## 6 投資対象として人気・フィリピン不動産の魅力

**富裕層に人気のマカティCBD内、高級コンドミニアムの空室率は5%以下。**

トランプタワー

大手財閥アヤラランドの高級ブランド・レラート

営業許可書付きコンドミニアム・パセオデロハス

**フィリピンのコンドミニアムはプール やジム等のアメニティが完備されています。**

部屋の規模や価格帯は物件により異なります。

| | | | |
|---|---|---|---|
| 価格帯 | 900万円~6億5,000万円 | 所在地 | Makati, BGC, etc. |

Hallo² Home

Hallohallo Home Inc.
株式会社ハロハロホーム

掲載のコンドミニアムは、アライアンス企業のハロハロホームが取り扱いしています。

フィリピンでは、東京の高級都心マンションのおよそ25%の価格（㎡単価）で、現地富裕層や海外駐在員等が暮らす「マカティCBD（経済中心地）」にある高級コンドミニアムの購入が可能です。

# 第4章

# フィリピン永住権はメリットがいっぱい

私がフィリピンの永住権をどのように取得するに至ったかについては次章以降で説明していきますが、この章ではフィリピンの永住権の利便性を説明し、その中でもとりわけ有利なＡＰＲＶ（The APECO Permanent Resident VISA＝ＡＰＥＣＯ特別永住権）を紹介します。またバックグラウンドとしてフィリピンの経済環境とその将来性、暮らしに大切な治安状況も概説します。

# 1.フィリピン永住権の利便性

## ①日本から近く、アクセスが良いこと

東南アジアの中で、日本からの距離が一番近い国がフィリピンです。日本から行きは4時間30分、帰りは4時間ほどで往復することができます。

例えば、家族が病気や事故で急を要する場合に、日本に帰るのに１日以上かかるとなると困ります。その点、フィリピンはその日に帰れる距離なので好都合です。

また、私がＡＰＲＶを取得した際、ツアーの参加者の中にＩＴ企業を経営している

ご夫婦の方がいらっしゃいましたが、ＩＴ企業はプログラム開発をインドや東南アジアなどに外注していることが多く、何回も行き来する事があるとおっしゃっていました。そういったグローバルなビジネスをされている方にとってはぜひオススメです。

マニラを拠点とすると、マニラからインドネシア、シンガポール、タイといったように、非常に利便性が高いのです。フィリピンの首都圏（＝メトロマニラ）はアジアの中心に位置しており、例えばマニラ―東京間約4時間30分、マニラ―香港・台湾間2時間30分、マニラ―シンガポール間3時間30分と短時間でアジア各国に行くことができます。大手航空会社に加えて近年はＬＣＣと呼ばれる格安航空会社の増加に伴い、航空券が安価なのはもちろんのこと、便数も多くなってきています。

スカイスキャナーのデータによると、日本からの直行便がある航空会社は8社、フィリピン行きの就航がある会社は26社。マニラのニノイ・アキノ国際空港では、83都市との直行便就航をしています。この空港だけでなく、リゾート地のセブ島のマクタン・セブ国際空港においても国際便の本数が増加しています。

また、近年は英語留学や観光地としての知名度アップと、アジア地域における展示会や国際会議が頻繁に開催されるようになったこともあり、若い女性やビジネスマンがよく見かけられるようになりました。

## ②豊かな暮らしが実現できる

知り合いに駐在員の方でマニラに赴任された方がいらっしゃったのでお話を伺ったところ、初めは奥さんがフィリピンに行くことを嫌がっていたものの、フィリピンでは安価で３００㎡もあるような広い豪邸に住める上に、現地ではメイドがいて家事などをやる必要がないということで居心地がよくなり、３年経って帰国が迫ってきた時には日本には帰りたくないと言うまでに心境が変化していたそうです。

ただ１つ注意すべき点があります。フィリピンの物価は非常に安いという印象がありますが、これはあくまでも現地のフィリピン人の食生活などのライフスタイルをそのままコピーすることが前提となります。一般的には、現地の生産物や人を使ったサービスなどは安価な一方、輸入品や輸入品を使ったサービス業、例えば日本食レストランやイタリアンレストラン等は日本の値段とあまり変わらず、ブランド物の化粧品や服飾雑貨に至っては日本と比べても約1・5～2倍高い価格で取引されています。
価格帯の例としてセブ島にあるスーパーでの価格を示します（2018年11月調べ）
マンゴー1キロ（4個程）　65ペソ（137円）
バナナ10本　90ペソ（189円）
チキン1キロ　130ペソ（273円）
フィリピンは日本と同じように米が主食です。マクドナルドやケンタッキーフライドチキン、フィリピン最大手のファストフードチェーンであるジョリビーにも、ハンバーガーとは別にライスセットが必ずあるほどで、日本よりも米食の食文化が根付いていると言えます。こういったファストフード店で一番人気のメニューは、フライドチキンとご飯セット（ソフトドリンク付き）です。ローカルの定食屋にて食事をした際にも、2品ほどの少ないおかずにご飯2、3カップ程を男女問わず軽く平らげていました。こういったところは国民の平均年齢24歳という若さゆえの光景なのかもしれません。
一般的なフィリピン食といえば、バーベキュー、もしくは焼き物、揚げ物が多いという印象ですが、煮物や炒め物に加え淡泊な味付けのスープなどさまざまな料理があり、日本人の口に合うものが多いです。

近年では、世界各国からレストラン参入が相次いでおり、多国籍料理文化が浸透しつつあります。

日本から進出したものですと、ラーメンや焼き肉が大人気です。こういったレストランは、もちろん店舗を構えているものもありますし、ショッピングモール内のフードコートにも多数見かけられます。また、野外フェスティバルとして定期的に公園などに屋台村ができ、夏の夜風にあたりながらビールや夕食を楽しむこともできます。ビーチリゾートであるセブ島ではアフターファイブでビーチに向かい、ハッピーアワーを楽しめます。こういった野外での飲食もフィリピン生活の醍醐味の1つです。

人件費については、日本と比較するとかなり安価です。フィリピン人の最低月給は約2万円です。日本の最低賃金が約16万円としても8分の1程度です。さらにフィリピンでは、サービス業、工場での職については特殊な契約形態をとっており、2万円より低い場合もあります。

また家賃に関しても、日本と比較するとかなり安いです。フィリピンのコンドミニアムは、プール、ジム付きが一般的で、キッズルーム、ミーティングルーム、パーティー会場、シアター、コンシェルジュが付いているものも数多く存在しています。日本に例えるならば六本木や麻布十番の高級マンションのようなイメージです。

フィリピンのマニラ首都圏の中でも中心地であるマカティの一等地に立地し、セキュリティーも充実している高級コンドミニアムであっても、単身者向けワンルームタイプで月の家賃が約2万ペソ（4万2000円）、家族向けの部屋で月の家賃が約3万ペソ（6万3000円）～25万ペソ（52万5000円）です。

永住権を取得検討の際、ぜひ一度住んでみた時のイメージをしてみてください。例えば夫婦の場合、月に10万円も出せば、広めの2DKを借り、掃除や洗濯、食事などの家事のためにお手伝いさんを月6000ペソ（1万2600円）、ドライバーも同じ価格で雇い、使用人を2人付けることができます。お手伝いさんを雇うことで家事の負担が軽減し、自分の時間を作ることができるというメリットがあります。このように、あなたの資金、生活スタイル、目的に合わせて、様々なライフスタイルの確立が可能になります。

### ③必ずしも英語を話せる必要はない

通常永住権を取得するとなると、現地に住んだり仕事をしたりするわけですから、基本的には英語を話せることが前提となります。先に述べたように、パラオの場合は投資委員会のメンバーの前で事業計画のプレゼンテーションをする必要がありました。また、ニュージーランドなどの英語圏では、取得するに当たって英語力がない家族はその習得のために教育費用の拠出を求められることもあるようです。一方でフィリピンの場合は、ほとんど英語が話せなくても永住権の審査そのものに影響がありません。

語学留学先として日本から近い点や、英語の発音が東南アジアの中でも比較的奇麗といったような点からフィリピンのセブ島がとても人気なので、永住権を取得してからフィリピンで英語を習得するということもできます。

### ④移住先で働くことができる

よく目にするもので「リタイアメントビザ」というものがあります。代表的なものでいうとマレーシアの「MM2H」がありますが、基本的には現地で働くことはできません。「リタイアメントビザ」は、日本語で言うと「退職ビザ」という意味です。基本的には移住先に持ってきた資金で生活をするということなので、その資金を投資に回すことはできますが、現地で働いて収入を得ることはできません。

しかし、永住権の場合は現地の企業に就職したり、自ら事業を立ち上げたりなど自由度が高いのがメリットです。働きながら生活したいという方にも適しています。

### ⑤非居住者になる権利が得られる

日本の居住者は、日本の税制に従わないといけませんが、非居住者になれば、居住国の税制に従って納税することになります。日本の居住者でいる限り、税金が上がったときの対抗手段はまったくありません。政府のとり決め通りに税金を払うしかないわけです。しかし、海外の永住権を持っていれば、どの国で納税を行うかを自らの意志で選択できるのです。

以上がフィリピン永住権の利便性です。第3章で同国の永住権の取得条件をその他の国の永住権と比較しました。そしてフィリピン永住権の主だったものとして、クオータビザとＳＲＲＶ（特別居住退職者ビザ）、ＡＰＲＶ（ＡＰＥＣＯ特別永住権）を紹介しました。中でもオーロラ州の地域振興プロジェクトの一つになっているＡＰＲＶは現段階では取得と維持、その効用で一番優れており、ここにその主な優位性も加えておきます。

## 2. APRV（The APECO Permanent Resident VISA=APECO特別永住権）の有利さ

### ①永住権が4泊5日の短期間で取得可能

まず「永住権が短期間で取得可能」です。仕事などで忙しい方にこれは非常に魅力的です。APRVの場合4泊5日で取得できます。

例えば、私がパラオでビザを取得した時に、最低2週間滞在する必要がありました。パラオで投資家ビザを取得する場合、外国人投資委員会（Foreign Investment Board）に、パラオ国内でどんな事業をするのか、または何に投資をするのかといったことをまとめた事業計画書を事前に提出し、2週間に一度開催される委員会の会合でプレゼンテーションしなければなりませんでした。このインタビューは基本的に2週間に一度行われますが、私の場合、1週間延期されて実際には3週間滞在しなければなりませんでした。

このように、一般的にはビザや永住権を取得する際の審査や手続きにはある程度時間がかかります。２週間、あるいは1カ月外国に滞在するとなると、滞在費用も結構な金額になります。４泊５日で取得できるＡＰＲＶは忙しくてあまり時間がとれない人などにも非常に適しています。

### ②家族で永住権を取得すると割安

２つ目は「家族で永住権を取得すると割安」ということです。私自身は妻と一緒に永住権を取得しました。この場合、私一人だと４００万円弱必要となりますが、妻はその10分の１の費用で取得できます。取得代表者に紐づく家族（配偶者・20歳未満の子供）の取得費用は、取得代表者の10％の金額で取得が可能（人数制限あり）です。

家族の場合（一人あたり）：15万円＋２０００米ドル（別途に婚姻出生証明書手続き費用５０００円必要）

### ③永住権の更新頻度が少なく容易

３つ目は「永住権の更新頻度が少なく容易」です。アメリカ、マレーシア、オーストラリアに関してはいずれも更新制となっています。特にアメリカでは納税実績や国への貢献度を調べられ、一度も納税をしていない場合は永住権が更新できず、国外退去を命じられるケースがあるそうです。

国が永住権を与える理由としては、その人が国に対して技術的あるいは金銭的に貢献してくれるからで、それが望めないのなら永住権を継続する必要はないということからこのようなシステムとなっています。

そのような中で、フィリピンのAPRVは、5年に一度、数万円払えば更新できるのでとても魅力的です。

以上のようにAPRVは極めて利点の多い永住権です。このような特別永住権の実現には、フィリピンでさまざまな事業を行っている日系現地企業のHallohallo Inc.（ハロハロ）が貢献しています。その経緯とHallohallo Inc.の事業活動の紹介はこの章末のコラムで掲載します。

図2■フィリピンの人口推移

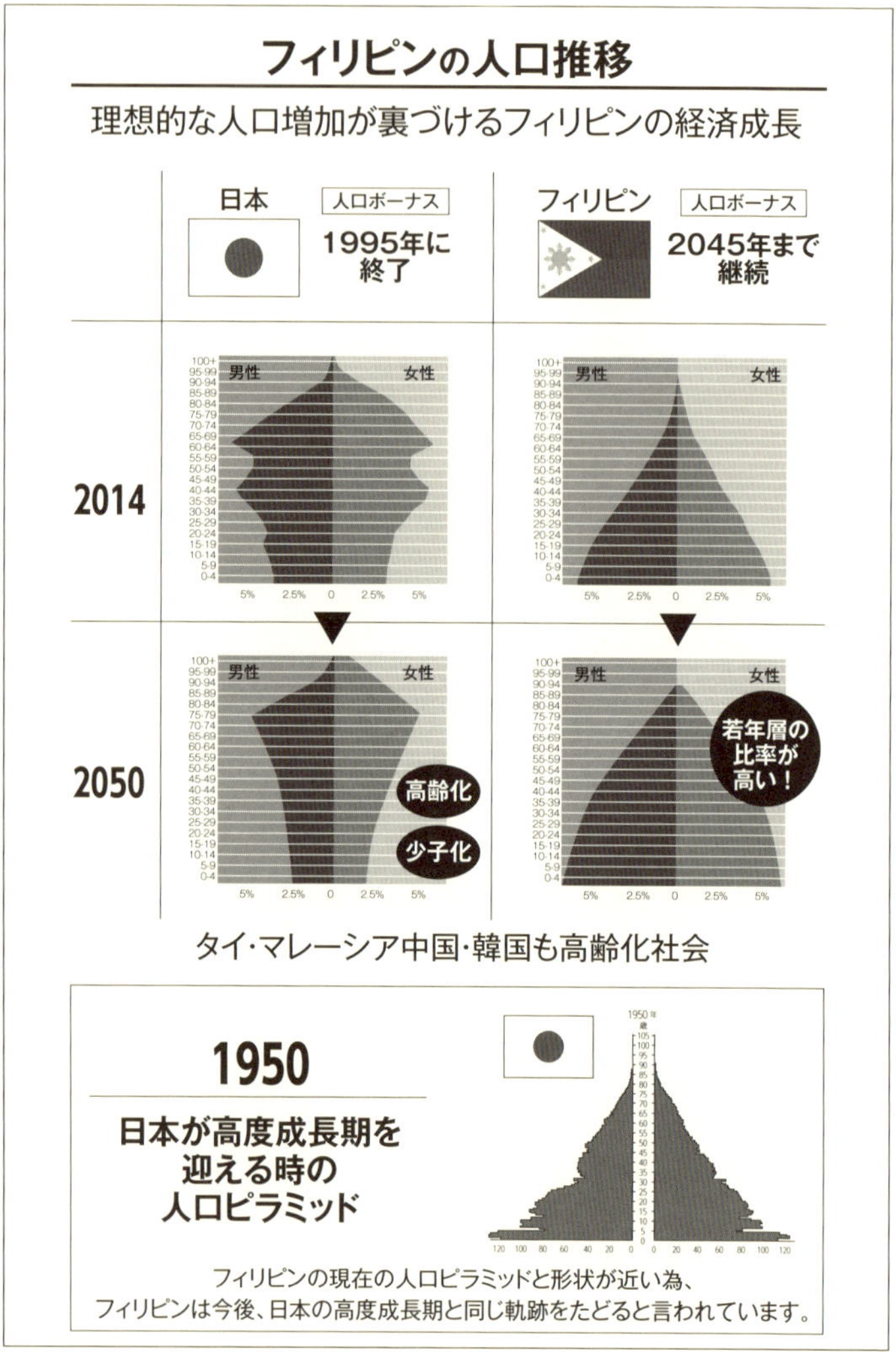

フィリピンの人口推移
理想的な人口増加が裏づけるフィリピンの経済成長
日本
人口ボーナス
1995年に終了
フィリピン
人口ボーナス
2045年まで継続
2014
2050
男性
女性
高齢化
少子化
若年層の比率が高い！
タイ・マレーシア中国・韓国も高齢化社会
1950
日本が高度成長期を迎える時の人口ピラミッド
フィリピンの現在の人口ピラミッドと形状が近い為、
フィリピンは今後、日本の高度成長期と同じ軌跡をたどると言われています。

## 3. 経済成長と治安の実態

### 期待できる今後の経済成長

フィリピン永住権の優位性は「今後の経済成長が期待できる」ことです。フィリピンの人口は、現在1億人を突破し、あと10数年程で日本の人口を追い抜くといわれています。また、日本の出生率（人口1000人当たりの出生数）が1・44に対して、フィリピンの出生率は、政府の人口抑制法の施行や家族計画の普及強化がありながらも2・7と高い水準にあります。

人口ピラミッドを見てみると、東南アジアのマレーシアやタイでは高齢化社会が形成されていく中、フィリピンは理想的な形をしています。また、フィリピンは社会進出における男女間格差（ジェンダーギャップ）も指数ランキングの上位（＝格差が小さい）国としても有名です。

これまではフィリピン国内の産業が乏しかったため、国内で働く場がなく、海外に出稼ぎに行かざるを得ない状態でした。人口が増加するということは一般的には国力が増大することを意味していますが、フィリピンにとって人口が爆発的に増えるということはマイナスと認識されていました。しかし、インターネット等による世界的な通信技術の発達に、世界第3位の英語圏といった要因があいまって、変化が起こりました。

昨今、フィリピン人は英語が話せることから、英語の語学学校・オンライン英会話スクール、コールセンターや業務委託などが多数進出し、フィリピン内でも雇用が増えています。

フィリピンは今後大きく成長を遂げるポテンシャルをもつ国として、世界中から脚光を浴びています。

HSBCのシニアアナリストのカレン・ワード氏が2012年に世界に発信した調査レポートによると、フィリピンは2050年までに世界193カ国で「最も経済成長を遂げる国」と報告されています。そういった背景からか、多額の外資が入ってきており、2012年以降に建てられたコンドミニアムなどは外資による技術力のおかげで以前と比べて造りの良いものが多いといわれています。

## 図3■フィリピン経済

# 好調に推移するフィリピン経済

2017年は6.7%、2018年も6%台の見通し

フィリピン

GDP成長率は好調に推移

―2016年―
GDP成長率
中国を上回り1位

■アジア諸国の成長率

| | 世界平均 | フィリピン | 中国 | シンガポール | マレーシア | タイ | インドネシア | ベトナム |
|---|---|---|---|---|---|---|---|---|
| 2016年 | 3.2 | 6.9 | 6.7 | 2.4 | 4.2 | 3.2 | 5.0 | 6.2 |
| 2017年 | 3.6 | 6.7 | 6.9 | 3.6 | 5.9 | 3.9 | 5.1 | 6.8 |

単位：%　出典：IMF

他のASEAN各国との比較においても高い伸び率を記録。

■フィリピンのGDPとGDP成長率

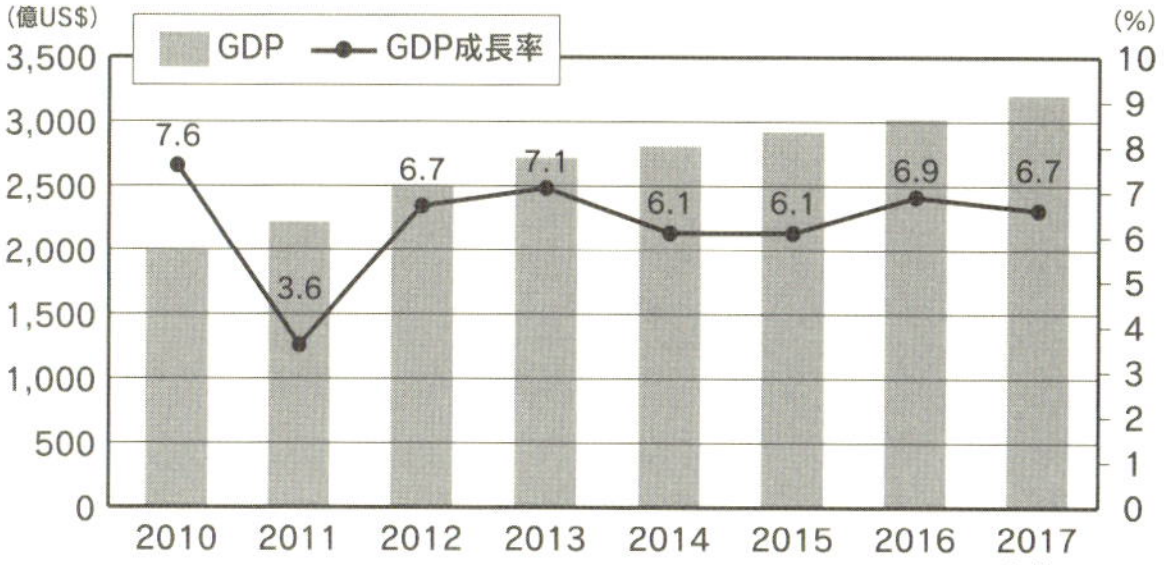


出典：IMF

また、そのレポートには「フィリピンの経済成長ラインは日本の高度成長期と同じ軌跡をたどる」とも記されており、予測しやすい成長ラインをしています。

『USニューズ&ワールド・レポート』誌が世界銀行グループの報告書をもとに「2018年に最も投資に適した国」のランキングを発表しましたが、そこでもフィリピンが1位にランクインしています。

他にも世界的な格付け会社S&Pがフィリピンを投資適格国の最低基準である「BBBマイナス」から「BBB」に格上げするなど、フィリピンに対する評価が高まっています。

そしてついに、2016年のGDP成長率は6・9%と中国を上回り世界第1位になりました。

2017年度の1人当たりのGDPは3000ドルを超えており、都心部では1万ドルを超える水準ともいわれています。

これらの結果からも明らかなように、フィリピンはこれから居住したり、ビジネスをするという点においては非常に推奨できる国となっています。

## 図4■投資に適した国ランキング

### 今、最も投資に適した国ランキング1位

USニューズ&ワールド・レポート誌が、
世界銀行グループの報告書をもとに。
2018年に最も適した投資国を割り出して発表。

2018年
3月

報告書は4要素に注目

①各国の天然資源②マーケット③テクノロジー
④ブランドへの個人や企業による投資を促す、
人・環境・関係性・フレームワーク

■今、最も投資に適した国ベスト20

出典:US NEWS, The 20 best countries to invest in now

| 順位 | 国名 | 人口 | GDP | GDP成長率 |
|---|---|---|---|---|
| 1位 | フィリピン | 1億330万人 | 3049億ドル | 6.9% |
| 2位 | インドネシア | 2億6110万人 | 9323億ドル | 5% |
| 3位 | ポーランド | 3790万人 | 4695億ドル | 2.9% |
| 4位 | マレーシア | 3120万人 | 2964億ドル | 4.2% |
| 5位 | シンガポール | 560万人 | 2970億ドル | 2% |
| 6位 | オーストラリア | 2410万人 | 1.2兆ドル | 2.8% |
| 7位 | スペイン | 4640万人 | 1.2兆ドル | 3.3% |
| 8位 | タイ | 6890万人 | 4068億ドル | 3.2% |
| 9位 | インド | 13億人 | 2.3兆ドル | 7.1% |
| 10位 | オマーン | 440万人 | 663億ドル | — |
| 11位 | チェコ | 1060万人 | 1929億ドル | 2.6% |
| 12位 | フィンランド | 550万人 | 2368億ドル | 1.9% |
| 13位 | ウルグアイ | 340万人 | 524億ドル | 1.5% |
| 14位 | トルコ | 7950万人 | 8577億ドル | 3.2% |
| 15位 | アイルランド | 480万人 | 2941億ドル | 5.1% |
| 16位 | オランダ | 1700万人 | 7708億ドル | 2.2% |
| 17位 | イギリス | 6560万人 | 2.6兆ドル | 1.8% |
| 18位 | ブラジル | 2億770万人 | 1.8兆ドル | -3.6% |
| 19位 | フランス | 6690万人 | 2.5兆ドル | 1.2% |
| 20位 | チリ | 1790万人 | 2470億ドル | 1.6% |

## 改善されつつある治安

フィリピンの歴史を振り返ってみると、不幸なことにフィリピンのマルコス政権（1965〜1986年）後半は独裁色が強くなり政治的に混乱が生じました。このため、経済発展が遅れ、ついには「アジアの病人」とまで言われ、治安も悪化しました。麻薬使用者の拡大と汚職の横行です。これが2010年過ぎまで経済、社会状況の停滞と混乱を招きました。

2016年に就任したドゥテルテ大統領は、治安の回復こそが経済の再建の基本だと訴え、徹底的な麻薬撲滅政策を実施しました。超法規的な強権による摘発は、2000人を超える麻薬犯罪者の殺害、4万人以上の逮捕となり、国際社会から批判も受けました。

ドゥテルテ大統領にはさまざまな批判的な評価も聞かれますが、フィリピンの過去の大統領を見ても彼ほど実際に行動を起こした人物は他に見当たりません。麻薬の取り締まりなどに関しても、麻薬を撲滅しようとここまで積極的に采配を振るった指導者は過去にいないのも事実です。

データを見てみると確かに殺人件数が急増していますが、これは麻薬犯罪一掃によるもので、殺害された人の多くは麻薬中毒者や悪質なディーラー、またその販売グループおよび犯罪者が占めます。

フィリピンにおける犯罪で多いのが、スリや詐欺、置き引きなどの軽犯罪です。これは、治安の良さに慣れてしまっている日本人が最も注意を払うべきことです。例えば、レストランなどで携帯電話と財布を机の上に置いてそのままテーブルを立ったり、ズボンの後ろポケットに長財布を入れていたり、両替所でお金が見えるように数えたり、イヤホンをして携帯電話を見ながら歩くなどといった行為は非常に危険です。

また、カジノで稼ぐ方法を教えるというような詐欺などにも注意喚起がなされています。

以上のように、治安の悪さをよく指摘されるフィリピンですが、実際居住してみると身近に被害を知ることはあまりありませんでした。

私の会社のスタッフもフィリピンに6年ほど住んでいましたが、受けた被害は、夜に泥酔した友人を介抱し、タクシーを拾う途中でストリートキッズに携帯電話を盗まれた1件のみです。

これはフィリピンに限らずどの国でも言えることですが、海外にいるという自覚を持って行動し、郊外の危険な場所には近寄らないことを徹底して、自己防衛することが大切です。

COLUMN 3

## APECO特別永住権プログラム誕生の経緯

利便性の高いAPECO特別永住権プログラムの誕生にはフィリピン最大級のウェブコンテンツホルダーのHallohallo Inc.(ハロハロ)が深く関与しています。

同社は現地法人の日系企業で、このAPECO特別永住権プログラムは、フィリピンでの事業実績が評価されオーロラ特別経済区APECOと共に協議を重ねて実現しました。ここでは同社の事業内容とあわせてAPECO特別永住権プログラム実現に至るまでの経緯を紹介したいと思います。

Hallohallo Inc.は、2010年にフィリピンのメトロマニラ首都圏で事業を開始しました。

資本金は約4億4000万円、社員数110人、関連会社合計約420人。本社はフィリピン最大の商業地マカティ市にあります。

事業の中核はフィリピンで290万人のハロハロ会員をもつインターネットコンテンツです。

ここを中心に、インターネットショッピングモール「ハロハロモール」、レストラン紹介サイト「ハロハロタウン」、無料求人情報「ハロハロジョブ」など、いずれもフィリピン最大級のインターネットコンテンツサービスを提供しています。ハロハロモールは、インターネットショッピングモールとして、小売店と商品を紹介。テナント店数は約2000店、商品数は約7万5000商品です。

ナイキ、ニコン、キャノン、リーボック、富士フイルム、ヒューレットパッカード、オッポなどの大手メーカーとタイアップして、ハロハロモール内に、オフィシャルショップを展開しています。

ハロハロタウンは、レストランの紹介サイトです。テナント店数は約1万2000店、メニュー数は約8万メニューが登録されており、メトロマニラ圏要衝のマニラ、ケソン、パサイ、パラニャケなど多くの行政機関・地方公共団体と提携・連携しています。この数は既に20以上を数え、日本に言い換えると東京23区と提携をしているようなイメージです。

ハロハロジョブは、フィリピン初の無料求人情報と企業インデックスを融合させたサービスです。登録企業数は約20万社にのぼり、フィリピン雇用労働省、フィリピン社会福祉開発省、公共雇用サービス庁と提携し、各省庁との強い結びつきをもっています。最近では、フィリピン国立大学を始めとした、フィリピントップ200の大学と提携し、在校生の就職支援を推進しています。また、フィリピン雇用労働省と、フィリピン人出稼ぎ労働者（OFW）の支援を行う調印式の模様がテレビや新聞、ニュースメディアで大きく取り上げられました。

Hallohallo Inc. はこれらのインターネットコンテンツサービスを軸に、経験とアイデアを活かし様々なプロジェクトを実施していますので、代表的ないくつかの事業を紹介したいと思います。

一つは、日本の洗練されたアイテムを販売するセレクトショップ「クールジャパンショップ」（小売業）や、日本の品質の良さを導入したレストラン「クールジャパンレストラン」（飲食業）のフランチャイズ事業を行う「クールジャパンプロジェクト」です。

この事業の一部として2018年9月には、ハリウッド映画をコンセプトに、本格的なステージと大型スクリーン映像や音楽を楽しめる、1700平米のエンターテイメントレストラン「ムービー・スターズ・カフェ」をメトロマニラの中心地に開業しました。様々なキャラクターに扮したパフォーマーの本格的な歌やダンス、エンターテイメントショーを繰り広げ人気を得ています。

次は、三菱商事とフィリピン最大財閥アヤラ・グループ、チームラボ社らと協業で行う、日本をコンセプトにした複合商業エリアの開発事業「グロリエッタ・プロジェクト」です。このプロジェクトはメトロマニラにおける最大の商業地区マカティ市の中心にある、グロリエッタモールの新設エリアに2500平米規模で展開します。

また、アヤラ・グループが設立するJV会社との共同プロジェクト第2弾として「日本のリアルクローズを世界へ」をテーマに、日本のファッションイベントの先駆者として有名な「東京ガールズコレクション」と提携し、ケソン市に新しくオープンした複合商業施設「VERTIS NORTH MALL」内で、日本のファッションをリードするアパレルショップエリア「TOKYO GIRLS COLLECTION」の事業も進行中です。

もう一つは、日本のトップアイドルグループ、AKB48のマニラバージョン「MNL48プロジェクト」です。この事業は、フィリピンの最大手テレビ局ABS-CBNと包括的事業提携を行うビッグプロジェクトで、公式フェイスブックでは既に120万の「いいね！」を突破しており、フィリピン国民から高い人気と関心を得ています。

これらの他にフィリピンでの現地法人設立のお手伝いとして、PEZA、TIEZAといった経済特区の優遇措置が受けられる法人設立サポートや、ソーシャルレンディングサービスを行なっています。ハロハロホームでは、フィリピン不動産の仲介・売買・物件管理はもちろん、客付、施工、インテリアデザイン、メンテナンス、メイド、ドライバーなどワンストップのサービスを提供しています。

こういった様々な事業をフィリピンで遂行する過程で、政府や財閥企業、行政機関、地方公共団体などとの強固な結びつきをもつ関係が生まれました。

そして、これらの事業活動を行なっていく中で、財閥企業を通じて受けた相談が、オーロラ特別経済区の振興開発事業としてリゾート施設建設を行うための資金調達についてでした。

Hallohallo Inc. はフィリピンで事業を開始した当時、フィリピン永住権について調査したことがあり、参考となる他国の事例や経済特区の特例を知っていました。それはアメリカが事業開発費を賄う手段として、中国移民などに向けて好条件の永住権を販売して許認可を出したケースと、フィリピンの経済特区では特区独自の永住権を発給できる特例を持つことでした。これらの実例と特例を基にオーロラ特別経済区永住権計画を作成し、日本人にとって魅力があり、取得しやすい条件のプレゼンテーションを行い、協議を重ねて誕生したのがこのＡＰＲＶという永住権なのです。

# 第5章

# 永住権取得現地ルポ 取得ツアーに参加して

それでは次に、私が実際にフィリピン特別永住権を取得した際の様子を時系列でお伝えしたいと思います。

## 1日目　NBI（国家犯罪捜査局）にて無犯罪証明書を取得

２０１７年12月５日、私と妻は成田を９時30分に出発し、マニラに13時30分に到着するフィリピン航空４３１便でフィリピンへ向かいました。今回、フィリピンへの渡航はＡＰＥＣＯが発給する特別永住権を取得することが目的です。３泊４日という短期間（現在は４泊５日）で永住権が取得できるとあって、かなり人気が高く、本来は２０１７年10月に渡航する予定でしたが、２カ月遅れての渡航となりました。

フィリピン航空機内は、各シートにモニターが付いており、現在地や最新の映画が見られます。日本人の乗務員もおり、英語が苦手な方にとっても安心感があります。日本とフィリピンでは１時間の時差があり、実際のフライト時間は、東京から約４時間30分、大阪からは４時間です。食事して、映画を見て、ウトウトしているとあっという間にマニラに到着します。

到着直前に飛行機の窓から見たマニラの風景は高層のビルも並び、とても発展した都会という印象を受けました。「マカティ」や「BGC」というマニラ首都圏の中でも特に発展している地域は、東京などと比べても引けを取りません。

空港に着くと入国審査があります。入国審査は大きく分けて「フィリピン人」と「外国人」の列とに分かれているので、「外国人」の列に並びます。日本人の旅行者の場合、通常30日間滞在できる観光ビザのスタンプが押されます。入国審査を終えて手荷物を受け取った後、ターミナル2の場合は空港ビルを出た「BAY17番の柱」のところで、永住権取得のサポートをしてくれるハロハロの現地スタッフが会社ロゴのプレートを持って待っていてくれます。

専用車にて、豪華客船が停泊するマニラ湾を左手に見ながら、NBI(国家犯罪捜査局)へ向かい、フィリピン国内の無犯罪証明書を取得しに行きます。この証明書が永住権をフィリピンで取得するにあたり、必要不可欠なものとなっており、フィリピン国内で犯罪歴があると取得ができません。通常、無犯罪証明書を取得するには半日から1日程度かかるのですが、私たちの場合は渡航前に無犯罪証明書を作成するのに

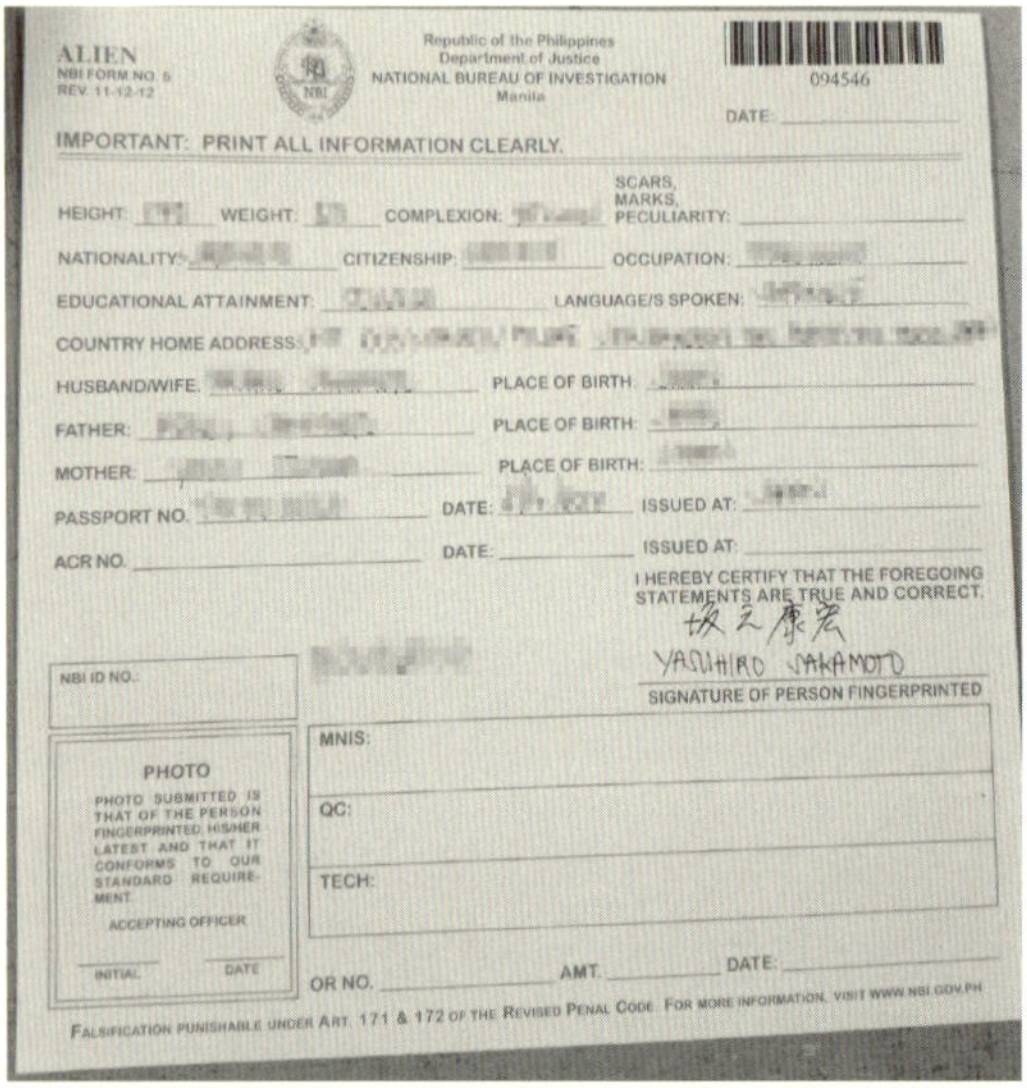

ALIEN
NBI FORM NO. 5
REV. 11-12-12

Republic of the Philippines
Department of Justice
NATIONAL BUREAU OF INVESTIGATION
Manila

094546

DATE:

IMPORTANT: PRINT ALL INFORMATION CLEARLY.

HEIGHT: WEIGHT: COMPLEXION: SCARS, MARKS, PECULIARITY:

NATIONALITY: CITIZENSHIP: OCCUPATION:

EDUCATIONAL ATTAINMENT: LANGUAGE/S SPOKEN:

COUNTRY HOME ADDRESS:

HUSBAND/WIFE: PLACE OF BIRTH:

FATHER: PLACE OF BIRTH:

MOTHER: PLACE OF BIRTH:

PASSPORT NO. DATE: ISSUED AT:

ACR NO. DATE: ISSUED AT:

I HEREBY CERTIFY THAT THE FOREGOING STATEMENTS ARE TRUE AND CORRECT.

坂元康宏
YASUHIRO SAKAMOTO

SIGNATURE OF PERSON FINGERPRINTED

NBI ID NO.:

PHOTO
PHOTO SUBMITTED IS THAT OF THE PERSON FINGERPRINTED, HIS/HER LATEST AND THAT IT CONFORMS TO OUR STANDARD REQUIREMENT.
ACCEPTING OFFICER
INITIAL DATE

MNIS:

QC:

TECH:

OR NO. AMT. DATE:

FALSIFICATION PUNISHABLE UNDER ART. 171 & 172 OF THE REVISED PENAL CODE. FOR MORE INFORMATION, VISIT WWW.NBI.GOV.PH

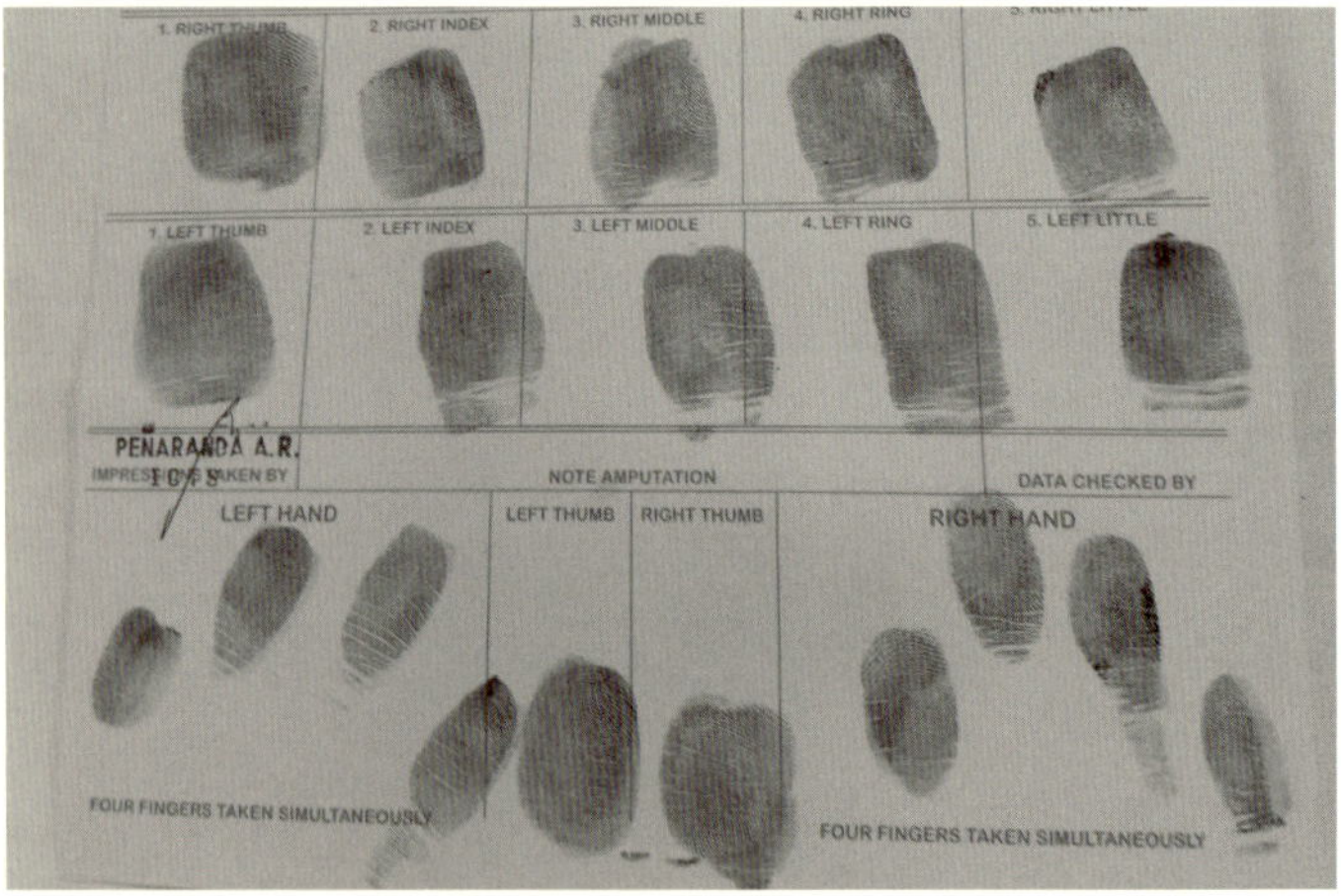

1. RIGHT THUMB | 2. RIGHT INDEX | 3. RIGHT MIDDLE | 4. RIGHT RING | 5. RIGHT LITTLE

1. LEFT THUMB | 2. LEFT INDEX | 3. LEFT MIDDLE | 4. LEFT RING | 5. LEFT LITTLE

PEÑARANDA A.R.
IMPRESSIONS TAKEN BY

NOTE AMPUTATION

DATA CHECKED BY

LEFT HAND | LEFT THUMB | RIGHT THUMB | RIGHT HAND

FOUR FINGERS TAKEN SIMULTANEOUSLY

FOUR FINGERS TAKEN SIMULTANEOUSLY

NBIで取得する無犯罪証明書。表面は個人情報が記載されており、裏面は両手すべての指紋が押される。

必要な情報を現地に送り、現地スタッフがあらかじめ準備しているため、数時間で取得できるようになっています。

無犯罪証明書の表面には身長、体重、肌の色、国籍、職業、自宅住所、母国語、両親の名前、母親の旧姓、パスポート番号といった個人情報の詳細が記されています。裏面も表面同様、フィリピンでの現住所、既婚か未婚か、生年月日、出生地などの個人情報が記載され、その下の欄に自分の両手の指紋をすべて採ります。私が行ったときは8人ほどツアー参加者がおり、すべての作業を終えるまで2時間ほどかかりました。

ここで注意したいのが交通渋滞です。日本では考えられないようなひどい渋滞が都心部では日常茶飯事で起きています。例えば、通常なら15分程度しかかからない距離であっても、時間帯によっては1時間、場合によっては2時間近くかかる場合があります。幸い、この日はそれほど渋滞しておらず、比較的スムーズに移動できました。

NBIでの手続きを終えた後、専用車に乗り、マカティにあるグリーンベルトモールに向かい、APECOカードや書類申請時に使用するための証明写真を撮影しに行きます。写真屋のすぐそばに両替所があり、そこで日本円を法定通貨のフィリピンペソ（ＰＨＰ）に換金します。

私が行った時は１ペソ＝約２・２円でしたので、１万円で約４５００ペソになりました。フィリピンの物価は総じて日本の約３分の１程度だと思いますが、地域差やモノによってかなり価格差があるのが現状です。例えば、スターバックスの飲み物は日本とほとんど変わらないですし、ブランド化粧品は日本よりもやや高いと思います。

フィリピン紙幣には、20ペソ、50ペソ、１００ペソ、５００ペソ、１０００ペソの５種類があります。硬貨もあるにはありますが、通貨単位が小さいので、紙幣を中心に使うことになります。

タクシーに乗る際やコンビニなどで飲み物を買ったり、ホテルでチップを渡したりする時などに細かい紙幣が必要になるため、20ペソや50ペソを多めに用意しておいた方が便利です。例えば、タクシーに乗って１５０ペソ程度だった場合で、５００ペソや１０００ペソ紙幣しか持っていない場合、お釣りがもらえないケースがあるので注意してください。

両替を済ませると、再び専用車に乗り、ホテルに向かいます。私たちが今回の宿泊に、いくつかの推奨ホテルの中から選んだのはマカティにある「デュシタニマニラ」というホテルです。このホテルは、元々日航ホテルでしたが、タイ屈指の財閥グループ、ホテル・不動産開発企業のデュシットインターナショナルに2015年に買収され、現在では高級感溢れるタイ風のホテルになっています。

ホテルのランクとしては5つ星クラスで、時期にもよりますが1泊1万円強で宿泊できるコストパフォーマンスが良いホテルです。

ちなみに、ツアーでは「デュシタニマニラ」もしくは「ニューワールドマカティホテル」、「ホリデイ・イン&スイーツマカティ」を推奨しています。

私は、携帯電話回線を現地仕様にしたかったので、ホテルの向かいにあるSMモールに行き、LTE4GのSIMカードとそれを稼働させるためのプリペイドカードを購入しました。2GB対応で150ペソくらいなので、YouTubeなどデータ容量の大きいものを使用しなければ3~4泊分は賄うことができます。これで、現地での電話、モバイルデータ通信がスムーズに行えます。

慣れていない土地では、グーグルマップの経路検索やGPS、GrabTaxi（携帯アプリで呼べる配車サービス）の使用、レストラン検索など、やはりインターネットは必須だと感じました。現地のタクシーはいい加減なドライバーや料金を上乗せしてくるドライバーがいるので、気をつける必要があります。ある程度海外に慣れている私の場合は、そのようなストレスを抱えるより、目的地までの料金が明快で、なおかつ自分がいる場所がGPSで分かるGrabTaxiは、より安心感のあるサービスです。

午後6時30分頃より、永住権取得ツアーに一緒に参加している方々とホテル1階の「ザ・パントリー」というビュッフェレストランで食事をしました。

このレストランは「ファーム・トゥ・フォーク」というコンセプトを掲げていて、地産のフェアトレードやオーガニックの食材のみを使用しています。

「フェアトレード」とは直訳すると公平・公正な貿易という意味で、発展途上国の原料や製品を適正な価格で継続的に購入することにより、生産者や労働者の生活改善と自立を目指す仕組みのことをいいます。

料理は、サラダ、パン、麺類、海鮮、肉類、フィリピン料理エリアに分かれていて、インド、イタリアン、スペイン、アジアの風味が楽しめます。その中でも、フィ

「デュシタニマニラ」内の日本食レストランのメニュー。新鮮な刺身や寿司が提供される。

リピン名物のレチョン（豚、鳥の丸焼き）は、見た目の印象よりもおいしいのでお勧めです。これで1日目が終了しました。

## 2日目　APECO担当官との面接

今日はAPECOのオフィスにて、永住権取得ツアーのメインイベントというべきAPECOの担当官による面接があります。

午前9時30分にホテルロビーに集合し、専用車でAPECOのオフィスに向かいます。

カジノリゾートで有名なオカダマニラや世界で3番目に大きいショッピングモールのMOA（モール・オブ・アジア）があるベイエリアにAPECOのオフィスはあります。渋滞がなければ、マカティから30分程度で到着します。

ビルの入口でセキュリティーチェックを受け、4階のオフィスに通されました。ちなみにフィリピンでは、建物に入る際に荷物の検査とボディチェックが必ずあります。セキュリティーの担当官が防犯用ライフルを抱えている姿は、日本では見慣れない光景ですがだんだん慣れてきます。袖のない服（タンクトップやキャミソール）や、半ズボン、ミニスカート、かかとにストラップの無いサンダルなどの着用では施設へ入館できないので注意が必要です。

面接の前に、初日にも行ったように両手の指紋を採り、私たちは夫婦で取得しに行ったので2人一緒に面接がありました。１人の場合は１人で、家族の場合は家族全員で面接が行われることが多いようです。

基本的にはAPECOの長官や弁護士が面接をすることになっていますが、私の面接のときは急きょ、緊急に対応しなければならない用件が発生したとのことで、APECOの別の専門スタッフが面接を担当しました。

面接官と簡単にあいさつをした後、「家族構成はどうなっていますか？」「住まいは持ち家ですか？　賃貸ですか？」「子供はいますか？」「子供がいない場合は今は誰が留守番をしていますか？」「あなたはこの1年以内に何らかの罪を犯しましたか？」「軽犯罪を犯したことはありますか？」などの質問をされました。質問の内容は時々によってさまざまなようです。

私がパラオでビザを取得した時は、10人ほどの面接官の前で事業計画のプレゼンテーションを行いました。英語の事業計画書をコンサルタントに作成してもらい、途中まで自分自身で英語で説明して、詳細は通訳に説明してもらうという形を取りました。

APECOの長官と著者・坂元で記念撮影

パラオの場合は、ある程度英語が話せないといけませんでしたが、APECOの場合はハロハロの現地スタッフが同席してサポートしてくれるので英語がほとんど話せない方でも問題なく取得できます。

このように、あっけないほど簡単に面接が終わりました。このとき、パスポートは永住権取得の証しとなるシールを貼るために、一たん預けます。フィリピンにいてパスポートが手元にないという状況はなんとなく不安になりましたが、パスポートの現物にシールが貼られるので、これは仕方ありません。

面接終了後、モール・オブ・アジア内にある高級中華料理店でランチを食べました。小籠包を始め、空心菜、角煮等々、最後にデザートまでを頼んでも一人1500円程でした。

ランチの後はホテルに戻り、ジムで汗を流し、屋外プールでリフレッシュしながら時間を過ごしました。プール脇にバーがあり、軽食も摂ることができます。バスタオルの貸し出しもあり、スタッフが笑顔で対応してくれます。

この日の夜はホテル内の日本食レストラン「UMU」で簡単に食事をして、早めに寝ました。

### 3日目　マカティとBGCの不動産視察

永住権取得ツアーはパッケージツアーと異なり、スケジュールがパンパンに詰められているわけではなく、かなり余裕のあるスケジュールが組まれています。本日は終日予備日ということですが、予定がいつ変更になるか分からないので、マカティを離れることはできません。

そこでこの日は、ハロハロホームが主催するオプションの不動産視察ツアーに参加しました。

午前9時30分にホテルロビーに集合し、マカティ、ＢＧＣ（Bonifacio Global City）の不動産、主にコンドミニアム見学です。最初に向かったのは、「ビーコン」というコンドミニアムです。

コンドミニアムが3棟立ち並び、その中心部に大型プール、ジム、パーティールームなどの充実した設備がある広々としたアメニティ施設が広がります。近くに「リトル東京」という日本の飲食店が集まっているエリアがあります。

部屋タイプは１Ｋの21㎡から１～３ＤＫまでありますが、テナントが付きやすいのは、現地人でも借りやすい21㎡前後の部屋です。21平米というと、日本人の感覚では一人暮らし用の広さですが、フィリピンではこのくらいの広さでも2人でシェアして住むことは普通だそうです。

ビーコンの1Kの物件は購入価格が相場より安く、賃料は相場より高いため、極めて高い確率で家賃収入を得られる物件としてお勧めとのことでした。

続いて向かったのは、マカティ最大の繁華街に位置するコンセプト型デザイナーズコンドミニアム「ザ・ナイツブリッジ・レジデンス」です。今流行りの民泊で人気を博している物件です。隣には、同じデベロッパーがアルマーニやベルサーチなどとコラボしたコンドミニアムが立ち並んでいました。

ちなみに、フィリピンにおいては、宿泊中のフィリピン人客が友人や家族を招き、共有部分のプールなどが人で溢れかえるため、マナー面が問題となっているケースがあります。このようなことを懸念し、民泊を禁止しているコンドミニアムもあります。「ザ・ナイツブリッジ・レジデンス」では、セキュリティーが厳しく、エントランスで名簿への記載とサインが求められたりするので、滞在する側はとても安心感があります。

同物件が建っている地区は、パブやクラブ、ブティックホテル、お洒落なレストランが集まり、オフィス街へのアクセスも良いところです。フィリピン最大の商業銀行

トランプタワーからメトロマニラを臨む

BDO本店もあります。また、マカティのランドマークになっている「トランプタワー」もすぐ近くにあります。目の前のセンチュリーシティーモールには、高級スーパーのルスタンス、両替所、ユニクロ、薬局、レストランが多数入居しており、生活に困ることはまずないでしょう。

午前中の見学を済ませ、この日のランチは、ザ・ナイツブリッジ・レジデンスの最上階にあるイタリアンレストラン「ペーパー・ムーン・マニラ」で食べました。

この店は、創業40年を誇る本店がイタリアのミラノにあり、石窯もイタリアから最高級のものを取り寄せるほどのこだわりで、眺めも味もサービスも、かなりクオリティーの高いレストランでした。大切な方と素敵な時間を過ごすのに最適です。

このコンドミニアムに住んで、お友達が来たときなど、お洒落なインテリアデザインの共有スペースで優雅に食事を振る舞うのも良し、このイタリアンレストランでおもてなしするのも良しといった感じで、フィリピン滞在のイメージも湧いてきました。

昼食後はアジア初のトランプタワー「TRUMP TOWER at Century City」を視察しました。フィリピンの超高級物件トランプタワーは、雰囲気や質を感じておくために見るべき物件だと思います。

プレビルドの時は70～80㎡の間取りで約5000万円、完成した今では転売価格が1億円を超えるという話もあり、フィリピンで最も平米単価が高いコンドミニアムの一つです。特徴は部屋の天井の高さです。通常のコンドミニアムでは、だいたい2メートルくらいですが、ここは、2・7メートルほどあります。また、天井から床まで全面ガラス張りなので、部屋がかなり広く感じられますし、何よりも開放感があります。

BGCのメインストリートにて撮影。新宿新都心のような高層ビルが立ち並ぶ

フィリピンのコンドミニアムの特徴の1つに、生活を便利で豊かにする付帯施設がそろっていることが挙げられますが、特にこのトランプタワーはプール、ジム、エステサロン、美容室、会議室、子供用プレイルーム、図書室などが充実しています。ここにいると運気が上がり、ビジネスも成功できそうな雰囲気を醸しだしていました。

トランプタワーの視察を終えて、ツアーの一行はBGCに向かいます。

BGCはフィリピン軍の元軍用地だった広大な土地をフィリピン名門財

閥のアヤラが開発してできた都市です。ＢＧＣ内はフィリピンで最も利用されている交通手段で渋滞の原因とされているジプニー（乗り合いバス）の乗り入れが禁止されているので、交通渋滞のない、近未来都市が広がっています。道路は広く、歩道にも余裕があり、電柱や電線がなく、高層ビルが立ち並びながらも、公園が多く、草木の緑をふんだんに上手くデザインした街並みの都市設計は、ある意味世界のトップ都市のような印象を受けました。

ここでは、この街を開発したデベロッパーのアヤラランドの展示場に出向き、ＢＧＣ全体の完成予定模型や、アヤラランドの高級ブランド「アルベオ（ＡＬＶＥＯ）」のモデルルームを視察しました。

そして、ＢＧＣ内にある、「ザ・ライズ・マカティ」というシャングリラホテル系列のコンドミニアム展示場を視察しました。ライズはマカティの中心部で、ショッピングモールなどの商業施設、病院などの医療施設の他に、公園やビジネス街にもアクセスが良い「レガスピ」というエリアに建設されており、２０１９年中に竣工予定です。

ＢＧＣを後にして、マカティにあるHallohallo Inc.の本社オフィスで、ＡＰＲＶ取得サポート以外にハロハロがフィリピンで展開する、三菱商事とアヤランド、チームラボと協業する商業エリア開発や、日本のアイドルＡＫＢ48のフィリピン版海外姉妹グループＭＮＬ48（マニラ48）運営、東京ガールズコレクション（ＴＧＣ）とコラボするアパレルショッピングエリア開発、映画をコンセプトにした１７００㎡のエンターテインメントレストラン「ムービー・スターズ・カフェ」などの事業紹介とフィリピン経済の説明を受けました。質疑応答が終わりホテルに専用車で向かう際、バケツをひっくり返したようなスコールに見舞われましたが、それもほどなくやみ、無事ホテルに到着しました。

ツアー最後の夜ということで、同じホテルに滞在している参加者とホテル１階にあるタイ料理レストラン「ベンジャロン」で夕食を取りました。

私の海外旅行の楽しみの一つは食事なのですが、この「ベンジャロン」の料理はどれもとてもおいしく洗練されています。レストランの雰囲気も良く、スタッフのサービスのレベルも素晴らしいものでした。タイ料理が好きな方はマニラ滞在中に是非行かれることをお勧めします。

食事の後も同レストラン内にあるバーでフィリピンの印象や永住権の活用法、さらには資産運用などについて、ワインを酌み交わしながら夜遅くまで盛り上がりました。

### 4日目　APECO特別永住権取得と銀行口座開設

今日はツアーの最終日です。いよいよ、APECO永住権を受け取ります。

朝食を終えると、ハロハロのスタッフから、「APECOの永住権取得の用意ができました」と連絡が入りました。

支度を済ませ、朝10時に2日目と同様、専用車でAPECOオフィスに向かいました。APECOのオフィスで少し待っていると、パスポートに貼られたAPECOの永住権とAPECOカードが配られました。もちろん、永住権が発給されることを心配していませんでしたが、こうして手元にパスポートが戻ってきて、永住権が無事に発給されると、「俺はフィリピンの永住権を取得したんだ」という実感を持つことができるとともに、とても幸せな気分になるものです。

ちなみに、英語で永住権のことを「PERMANENT RESIDENT VISA」と言います。「PERMANENT」は「永続的に」「永久の」という意味ですので、その名の通り、フィリピンに居たければずっといても良いという権利を与えられたことになります。

通常、海外にビザなしで入国すると、入国した日から90日以内しか滞在できませんが、永住権を取得すると無期限で滞在することができるようになります。さらに、永住権を保持しているといつでも好きなときに出国し、日本を含む海外の国に滞在し、いつでも好きなときに永住権を保持している国に戻ってくることができるようになります。

また、永住権を取得して維持するためには、その国に住んでいるという証明、つまり住所が必要ですので、住居を持っていない場合は、賃貸物件などを借りるコストがかかります。APECOの永住権プログラムでは、APECOが取り組む振興開発事業のリゾート施設建設の費用を賄う見返りとして永住権が発給されるという仕組みです。具体的には、リゾート施設の住所地の物件を借りている内容の賃貸契約をAPECOと締結することで、永住権の維持に必要な住所が割り当てられるため余計なコストをかけずに済みます。

永住権を取得した後、最後に銀行口座を開設しに行きました。銀行口座を開設するためには永住権あるいは対象となるビザが必要なため、口座開設希望者は永住権を取得してから銀行に行くという流れになります。

私が口座開設をしたのは「メトロバンク」という銀行で、ＢＤＯに次ぐ、フィリピンでもトップレベルの商業銀行です。メトロバンクでは、フィリピンペソ建て口座、日本円建て口座、米ドル建て口座、ユーロ建て口座の4種類がありますが、ペソ建て口座の当座預金口座を家内との共有名義（ジョイントアカウント口座）で開設しました。

そして、キャッシュカードと通帳と小切手帳が渡され、最低預金額が2万5０００ペソなので5万円ほど預けるという形になりました。当座預金というと日本では利息が付かない口座を意味していますが、普通預金が一緒になったものなので、利息が付与されます。

さらにデビットカードをもらえ、預けている金額に関しては引き出しができます。このカードは日本でも使用可能なのでとても便利です。

メトロバンクの外観

これまではメトロバンクでの開設でしたが、2018年11月20日以降からは、チャイナバンク（China Banking Corporation）での開設になりメトロバンクでの開設サポートはなくなります。チャイナバンクはフィリピン屈指の財閥SMグループ（フィリピン最大の商業銀行BDOを持つ）の所有する銀行です。

私はこうして永住権取得から銀行口座開設までを、予定通り4泊5日で完了する事ができました。

# 第6章

# フィリピン永住権取得者の体験談

# 五十嵐唯さんの体験談

## プロフィール

ジャーニー代表。NAUIダイビング、シュノーケリング、スキンダイビングインストラクター、ツアーガイド。

日本で高校卒業後、セブにあったフィリピン政府公認のダイビング専門学校オーシャンフィールドダイビングカレッジで3年間学び、その後、沖縄、タイのプーケット、マレーシアのコタキナバルで働き、マンタナニ島にて無人島リゾートを立ち上げる。

2014年、フィリピンのネグロス島ドゥマゲッティ市サンタモニカに、独自のコンセプトでダイビングとネイチャーツアーを行う「ジャーニー」を設立。

高校生の時からバックパック一つで世界中

を一人で周り、世界中に友情と見聞を広める。

今まで50カ国以上を周り、世界中の海で潜り、ダイバー、旅人にとって何が好ましいかを自ら経験し続けてきた。ダイビング以外にもマッサージ、バーテンダー、料理人など、いろいろな仕事を経験する。2018年現在でダイビング歴20年。

8つの言語（英語、ヴィサヤ語、タガログ語、マレー語、インドネシア語、タイ語、スペイン語、日本語）を操り、アジア、中米に行っても現地の人に道を聞かれる無国籍人。

2016年3月ジャーニーコーディネート開設。

ドゥマゲッティ市を中心に街に関わることのコーディネートやコンサルタント事業をする。

現在不動産関連サポート、移住、リタイアサポート、ビジネス立ち上げなどの全般サポート、ビーチリゾート開発、人材派遣事業、日本語学校などを手掛けている。

http://coordinator.journey-dumaguete.com/ 【コンサルタント事業】

http://journey-dumaguete.com/ 【ダイビング事業】

インタビュアー：フィリピンに行かれたきっかけを教えていただけますか。

五十嵐氏：僕は高校卒業後ダイビングの仕事でセブ島に行きました。当時18歳だったこともあり、周りのフィリピン人がすごく親切にしてくれたので、1人でもまったく不安や怖い思いもせず、すっかりフィリピンが好きになりました。その後、沖縄、タイ、マレーシアなどで働き、これまでに50カ国以上に滞在しました。世界中のいろいろな国を回りましたが、フィリピンのことがどうしても忘れられず、再びフィリピンに戻りました。そして、セブ島よりも田舎で海が奇麗なネグロス島ドゥマゲッティ市に定住し始めました。

インタビュアー：フィリピンの永住権をなぜ取得しようと思ったのですか。

五十嵐氏：単に就労ビザを取るだけではフィリピンに根をはることにならないと思ったので、永住権取得を目標にしました。リタイアメントビザの取得も考えたのですが、年齢もまだ35歳までいっていないですし、何よりもリタイアメントビザではいずれ国の制度などが変わったときに立場が弱いと考え、ビザの中でも最強の権利が得られる永住権を取ろうと思いました。また、今はフィリピンの永住権は安くて簡単に取れますが、将来的に取得条件がもっともっと厳しくなっていくことが考えられます。他の国などを見ていてもそれは明らかです。「あの時、取得していれば良かったな」と絶対に後悔すると感じたのも永住権を取得した大きな理由ですね。

**インタビュアー：**永住権は簡単に取れたのですか。

**五十嵐氏：**永住権を取る前は、そんなに簡単に取れるものではないと思っていました。というのも、タイやマレーシア、隣国のインドネシアで永住権を取得するのは相当ハードルが高いことを知っていたからです。僕が取得しようとしたときは、ドゥテルテ氏が大統領に就任する直前だったということもあり、大統領になった瞬間にビザの制度が変わって、一気に永住権の取得費用が高くなったり、発給自体を一時ストップするのではないかといううわさも耳にしました。しかしふたを開けてみたら、「えっ、こんなに簡単に取れるの」というくらい簡単に取れてしまい、「あなたはフィリピンの永住権を得たので、明日からフィリピンにどれだけ滞在しても良いですよ」という状態になりました。

**インタビュアー：**永住権を取得した後、どんなお仕事をしているのですか。

**五十嵐氏：**最初に申し上げたように、僕はドゥマゲッティに定住しています。ドゥマゲッティは世界的にもリタイア先で有名な街で、ダイビングなどの観光業をはじめ、リタイアしてくる方やお子さんの教育で移住してくる方々のサポートや、こちらでビジネスをしたい方々の開業支援といったように、さまざまなビジネスを展開しています。

**インタビュアー：**多くの日本人はドゥマゲッティのことを知らないと思いますので、さらに詳しく教えていただけますか。

**五十嵐氏：**ドゥマゲッティはリタイア後の場所として世界中に認知されています。特に欧米人のリタイアの方が多く、2018年フィリピンの退職庁からベストリタイア都市に認定されました。日本人の定住者が

200人くらいです。また、世界中のリタイア候補先ランキングで「Yahoo!」で世界4位、フォーブスでも5位に選ばれている世界中で認められるリタイアにお勧めの都市です。

また学園都市として有名で、小さな街の中に日本のICUとも提携している有名校シリマン大学をはじめさまざまな学校があり、人口の3割が学生です。

ここ2年ほどで日本人の親子の教育移住も増え、授業はすべて英語でさまざまなインターナショナルスクールやプライベートスクールがあり、治安も良く、学費も安く、制服代などもすべて込みで年間10万円ほどで通えます。

半年から数年単位で会社の育休や産休制度を利用される方や、ライフワークバランス制度、永住権を取得し、こちらでインターネットを活用して働きながらお子様と共に移住される方が増えています。

大型不動産も最近になり急激に増えてきました。リタイアや観光客の大幅増もあり、投資目的を主にフィリピン大手デベロッパーのフィルインベストが目を付け、現在1棟200室のコンドミニアムを3棟建設中です。海沿いでショッピングモールやコンドミニアムホテルも併設され、マニラのビジネスマン達のセカンドホームとして、また世界中の投資家の投資物件として注目されています。このコンドミニアムを皮きりに、また新たな海沿いの街が開かれていくので、建設ラッシュがはじまり、土地の値段がどんどん上がっています。

国際空港の計画が現実味を帯びてきて、セブ島——ネグロス島間の橋の計画もあり、2つの大型病院の完成、コンベンションセンターやショッピングモールが併設された大型ホテルの建設も始まっています。これからフィリピンの中でも、世界の都市の中でも小さいながらホットな街になりつつあります。

**インタビュアー：**永住権を取得するメリットは何だと思いますか。

**五十嵐氏：**永住権があればフィリピンでは文句なしに働けるし、自由にビジネスができます。永住権を保持していれば、現地にずっと居続けられる最強の権利を持っているということなので、ビジネスにおける信用度も高くなります。重要な仕事を任せてもらえたり、一緒にやりたいという投資家の人を多く呼び込むことができます。

**インタビュアー：**一時的に外国に滞在することは考えても、永住権まで取得しようという方はそれほど多くないと思いますが、いかがでしょうか。

**五十嵐氏：**すでに永住権を取得して何年か経過している僕からすると、どうして永住権をトライしないのかな？　と思ってしまいます（笑）。不安なのか、必要性があるのかないのか、取得する際の料金のことなのか、どういったことで迷っているのかは僕には分かりません。日本にずっと居続けることの方がリスクが高いのではないかと僕は感じています。もし日本が今より、経済的にも政治的にも不安定になり、日本という国がうまく機能しなくなったらどうするのでしょうか。このことを多くの日本人は考えていません。リスクマネジメントとしても、他国の永住権を持っているというのは当然のことだと思います。その中でもダントツに安く、簡単に取れるのがフィリピンの永住権です。

**インタビュアー：**そうすると、この先ずっとフィリピンにいらっしゃるつもりですか。

**五十嵐氏：**奇麗な海を眺めながら、フレンドリーで陽気な人々に囲まれ、穏やかで温かな風に吹かれながら、サンミゲルビールでも飲んでいると、フィリピンにずっといるのも悪くないなと思います。フィリピンの永住権を得た今、フィリピンと日本の架け橋になり、フィリピンに恩返しをする、つまりフィリピン人の本当の誇りを取り戻し、真の独立を共に歩んで行くということにコミットできていると感じています。ですので、今後の私の人生にとってフィリピンは「第2の故郷」であるのは間違いありません。次のステップとして、例えばヨーロッパなどの永住権も取得したいと考えています。さまざまな国の永住権を取得しておけば人生におけるリスクマネジメントや自己実現ができるのではないかと思うからです。

**インタビュアー：**最後に、今後永住権取得を検討されている方にメッセージをお願いします。

**五十嵐氏：**フィリピンの永住権を取得することだけを目的にするのではなく、その先に何か別の目標があり、永住権はその目標を達成するために必要不可欠で便利なツールと捉えてみたら良いのではないでしょうか。また、フィリピンのイメージは悪いかもしれませんが、来てみればそうでもないこと、何事にも理由や意味があって物事が起こっていること、フィリピン人は人間味溢れ、今を必死に生きている人たちなので、様々なことが起こるかもしれませんが、いつしかそのパワーをもらい自分も元気になっていることに気が付くはずです。

# 堀越マドリさんの体験談

## プロフィール

株式会社MADORI&Co. 代表取締役
株式会社トータルほっとサポート 専務取締役
TOTAL HOT SUPPORT INTERNATIONAL INC. Founder

１９７７年生まれ。実業家。東京都出身。University Of Hawaii 在学中に多くの一流サーフブランドのオーナー達から日本における版権をもらった事をきっかけに大学を中退し帰国。事業資金を１年で準備し、サーフ&アパレルショップを開業。大阪府内に数店舗を展開。

２００６年に飲食業界に進出して3店舗を展開し、２００７年（賃貸業5店舗）、２００９年（販売業）、

２０１０年（請負業）と立て続けに不動産会社を設立。現在は株式会社MADORI&Co.の代表取締役と関連会社の取締役などを兼務している。２０１５年には株式会社トータルほっとサポートを設立し介護業界に参入し現在に至る。

海外事業においては２０１７年、フィリピンにてガラスコーティング事業と殺菌水事業をスタート。TOTAL HOT SUPPORT INTERNATIONAL INC.の創業者。

**インタビュアー：** どうしてフィリピンの永住権を取得しようと思ったのですか。

**堀越氏：** 私は日本で会社を経営しておりまして、事業の成長に行き詰まりを感じていたということもあって東南アジアに目を向けました。そして、東南アジアを市場として考えたときにどの国が良いのかということで実際にアジア各国を回ってみたところ、最終的にフィリピンが良いと思ったからです。フィリピンを事業展開の場として選んでからしばらくはビザを使って経営をしていたのですが、この度ＡＰＲＶのプログラムが公表されたので、これを機に永住権を取得した次第です。

**インタビュアー：**永住権だけでなくリタイアメントビザなどもお調べになったと思いますが、なぜ永住権をお選びになったのですか。

**堀越氏：**まずリタイアメントビザというのは、ただ住む権利であって就労することができないなどさまざまな制限があります。永住権はそういった制限がないので、自分のニーズにとても合っていたということがあります。事業をされる方にとって永住権は非常に有利だと思います。

**インタビュアー：**フィリピンは他の国と比べてどういった点が良かったのでしょうか。

**堀越氏：**そうですね、まずはフィリピンが英語圏だということです。また、キリスト教（カトリック）がメインですので日本人にも多少理解ができると言いますか、考え方が理解できるといった点もありました。例えば、イスラム教ですと日本人にとってはあまりなじみが無く理解がしにくいところもあると思いますので、そういった宗教的なところではフィリピンは比較的親しみやすいという点があります。もう一つ挙げるとすると、移動距離ですね。

私の場合、日本でも会社を経営している都合上、どうしても日本とその国とを行き来しないといけないわけですが、フィリピンの場合は片道4時間ほどで行けるというのが非常に大きいメリットに感じました。

**インタビュアー**：日本ではどういった事業をされていたのですか。

**堀越氏**：今現在も事業は続けているのですが、日本では不動産事業と介護事業を営んでおります。

**インタビュアー**：では、日本でやっていらっしゃる不動産事業・介護事業をフィリピンでもされているということでしょうか。

**堀越氏**：フィリピンではいろいろな市場調査をした結果、介護事業に関しては現段階では必要性が低いということと、不動産事業に関しては資格や日本人だけの会社では経営できないといったようなさまざまな制約があることがわかりました。フィリピンでは、自動車のボディーをガラスの被膜で覆ってプロテクトするというガラスコーティングビジネスをフランチャイズしているのと、次亜塩素酸ナトリウムを水に複合してpH値を変えて殺菌水を作るという日本とはまったく違うビジネスを展開しています。

**インタビュアー：** ガラスコーティングビジネスのフランチャイジーは、現地の方か日本の方かどちらでしょうか。

**堀越氏：** 両方いらっしゃいます。現在は日本の方が主にオーナーになっていただいていますが、フィリピンの方もこれからフランチャイジーとして参入されてくると思います。殺菌水の方はわれわれが製造卸元となって販売しております。

**インタビュアー：** ＡＰＲＶを取得した時の具体的な内容をお聞かせください。

**堀越氏：** 私がＡＰＲＶを取得した時期は、２０１７年の秋頃でしたので、３泊４日のツアーで取得することができました。すでに私はフィリピンをメインに在住しておりますので、日本から来たツアー参加者に現地で合流させていただき、実質は2日で取得することができました。

**インタビュアー：** 取得した際に印象に残っていることはありますか。

堀越氏：さまざまな煩雑な手続きを経なければいけないということは、他のビザを取得するか検討をしたときに調べて既に分かっていたのですが、そういったすべての事務手続きを担ってくれている会社（Hallohallo Inc.）が前もって段取りを済ませてくれていたので、非常にスムーズに取得することができました。時間も通常でしたら書類を1枚得るのに1カ月以上かかるなどといったことが頻繁に起こる国にもかかわらず、ツアー期間内にその場で発給されたので効率的に取得することができて素晴らしいと感じました。

インタビュアー：取得してから現在は実際にどういった感じで過ごされているのですか。

堀越氏：これまでは、例えば就労ビザや、特別就労許可（Special Work Permit）という書類を提出して、現地で働いていました。現在は永住権を取得し、そういったビザの更新など煩わしい手続きが5年間必要なく就労する権利があるので、安心して事業に打ち込むことができています。

インタビュアー：ご家族構成を教えてください。

**堀越氏**：私の妻はフィリピン人で、今年子供が1人生まれたので、いよいよフィリピンに骨を埋める覚悟で過ごしています。

**インタビュアー**：実際にフィリピンでビジネスをしたり生活をしてみて、どういった感じを受けられましたか。

**堀越氏**：私が活動しているマニラ首都圏では、渋滞が毎日発生するとか、時間にルーズな点が多いといったような仕事上の問題点は多々あるのですが、そういったところを除けば、特に日本人が生活する上で不自由はないと感じています。例えば食文化や人とのコミュニケーションをとる上で、何か困ったことが起こるといったようなことは、あまり聞いたことがありません。

**インタビュアー**：ビジネスをする場所としてはどうでしょうか。

**堀越氏**：分かりやすく言いますと、現在のフィリピンは日本における高度成長期が始まった時期と同じような状況にあると考えてもらえればと思います。飛行機で例えるなら助走が終わってちょうど離陸して上昇を始めたところだと言えます。

**インタビュアー：** フィリピンはよく治安が問題視されますが、その点はどう感じてらっしゃいますか。

**堀越氏：** 僕自身が命や身の危険を感じるような場面に遭遇したことは、今まで一度もありません。普通に生活している限りは、そういった場面に出くわすことはほとんどないと思います。

**インタビュアー：** 堀越さんはマニラ首都圏の中でもオルティガスという街に住んでいらっしゃいますが、具体的にはどういった街なのでしょうか。

**堀越氏：** ＩＴ企業が集まった金融経済都市になりますので、治安は非常に良いところだと思います。

**インタビュアー：** 最後に、今後永住権取得を検討されている方にメッセージをお願いします。

**堀越氏：** 先ほども申し上げた通り、ビジネスチャンスに満ち溢れているフィリピンで何かを始めてみたい人や、熱帯で気温もある程度一定なので、寒いのが苦手で南国で暮らしてみたい方、長期で英語を学びたいという方にとっては非常に良い国だと思います。これを機に永住権を取得されて新しい活用をしていただけたらいいなと思います。

# おわりに

本書を手にとっていただき誠にありがとうございます。
本書を発刊することになったきっかけは、共著者の坂元さんからいただいた提案でした。彼はＡＰＲＶを奥様と一緒に取得して、自分の考えに合致した理想的な永住権だと確信したため、同じような考えを抱いている方に広く知ってもらいたいという強い要望をいただいたことから、この本が誕生しました。

本書を執筆するにあたり、どのような構成にするのかを協議していく中で、Hallohallo Inc. に籍を置く私の立場からでは、単なるセールストークのように捉えられ、ＡＰＲＶが持つ本来の魅力が損なわれてしまうことを懸念しました。

そこで、本書のほとんどの部分については、実際にＡＰＲＶを取得した坂元さんの目線で、感じたままを書いてもらうという体験談的な内容にさせていただきました。

言うまでもなく、ＡＰＲＶはフィリピン共和国法にのっとって移民局から発給されている正式な永住権です。２０１６年９月にリリースされましたが、取得できる人数が600人と限定されており、これまでに400人近くの方が取得しているため現時点では残り200人程度となっています。

多くの日本人がフィリピンに対してネガティブなイメージを持っているからだと思いますが、私たちがAPRVをリリースした当初は「一民間企業がフィリピンでビザを発給できるわけがない！　この永住権は偽物なのではないか！」といったような、言われのない中傷を受けることもしばしばありました。

しかし、弊社Hallohallo Inc.がAPRVをオーロラ州と連携してAPRV取得のサポート業務を唯一独占的に行っていることは紛れもない事実です。ここに至るまでには紆余曲折がありました。その経緯については4章のコラムでご紹介させていただいた通りです。

APRVが4泊5日と短期間で取得できたり、5年に1度の更新で済んだり、維持コストが安いなど、日本人にとって取得しやすい永住権なのは、一朝一夕に実現したわけではありません。弊社がフィリピン国内において関係各所と粘り強い交渉を重ね、日本人の視点に立ってさまざまな条件改良を行った成果と言えることを強調しておきたいと思います。

私どもとしては、APRVが実現するまでには、それ相応のプロセスがあったということを、読者の皆様が少しでも知ってくだされればありがたい限りです。

本書において、フィリピンの魅力や永住権取得のメリットについては十二分に紙面を割きましたので、ここでこれ以上の説明は控えたいと思います。

この一冊が皆様にとって、フィリピンに対するネガティブな先入観を少しでも取り払うこと、そしてデュアルライフという新しいライフスタイルを実現するための一翼を担えれば幸甚の至りです。

また、末筆になりましたが、本書発刊に至るまでの様々な過程において、ご支援とご協力を賜りました関係各所の皆々様にも、心より御礼申し上げます。

最後までご拝読いただきありがとうございました。

２０１８年12月吉日
Hallohallo Inc.
坂野 広通

【著者紹介】
坂元 康宏（さかもと やすひろ）

株式会社myコンサルティング代表取締役。

1972年生まれ。埼玉大学教養学部教養学科卒。

内装施工会社の本社経理勤務を経て大手投資顧問会社の役員を歴任、2014年4月に独立。日本をベースとして、韓国、ニュージーランド、モンゴル、フィリピンなどでビジネスを展開している。韓国国内外の有望なベンチャー企業に投融資を行なう韓国法人をビジネスパートナーと共同で設立。IPO及びICO案件の発掘、デューデリジェンスを手掛ける。

資産家、企業経営者、サラリーマン、主婦に至るまで幅広い層の顧客を持っており、投資顧問会社の役員時代に培った豊富な経験を生かし、お客様一人ひとりのニーズを徹底的に追求したコンサルティングには定評がある。

将来の夢は、「自分が関わる企業や人を通じて、ICOまたはIPOを実現し、雇用の創出をすること」である。2017年12月、APRV取得。

著書に『正しい知識で、賢く稼ぐ。仮想通貨「ICO投資」入門』（小社刊）がある。

【著者紹介】
## 坂野 広通（さかの ひろみち）

Hallohallo Inc. Executive Management Group：Director
1973年、福井県生まれ。
関西にて20余年ウェブサイト・カタログ・POPなどの商業広告デザインの企画・ディレクションに従事し、多岐にわたる業種案件と事業に携わる。2005年より海外オフショアによる制作サービスを開始、2008年からビジネスの拠点を上海からフィリピンに移す。現在はフィリピン最大級のウェブコンテンツホルダーに成長した、Hallohallo Inc.（ハロハロ）が展開する様々な事業に関与し、フィリピン特別永住権APRVを取得して、日本とフィリピンを行き来しながら日本との架け橋となるようフィリピンでの事業展開に心血を注いでいる。ハロハロアライアンス企業としてデザイン制作部門を担う株式会社サーカスのCEOも務める。

日本《にほん》×フィリピンで実現《じつげん》する
究極《きゅうきょく》のデュアルライフ

2019年3月19日　第1刷発行

著　者　坂元康宏・坂野広通

発行人　久保田貴幸

発行元　株式会社 幻冬舎メディアコンサルティング
〒151-0051　東京都渋谷区千駄ヶ谷4-9-7
電話　03-5411-6440（編集）

発売元　株式会社 幻冬舎
〒151-0051　東京都渋谷区千駄ヶ谷4-9-7
電話　03-5411-6222（営業）

印刷・製本　シナジーコミュニケーションズ株式会社

装　丁　株式会社サーカス

検印廃止

ISBN 978-4-344-91793-4 C0095
幻冬舎メディアコンサルティングHP
http://www.gentosha-mc.com/